JN069222

公認会計士・税理士
宮崎栄一

決算書から
「経営の打ち手」
がわかる本

会社が「利益体質」に変わる
数字の読み方・使い方

日本実業出版社

はじめに

「今いただいている税務顧問の報酬のままで、コンサルティングもやらせてください」

　私はこの日、請け負っていた仕事の領域を越えました。これからの仕事は参謀として、社長に寄り添い、経営のサポートをすること。
　それまでの私の仕事は顧問税理士として、日々の売上や経費のデータから税金の計算をし、税務資料を作成することでした。
　税務顧問として求められることは、会計の数字が正しくつけられているかの管理です。
　私は過去の数字を並べて、税務署に提出する資料を作成していました。資料から、その会社が危険な状況にあることはわかっていました。
　役員といえども、会社の経営の状態を、正しく把握しているとは限りません。状況をわかっている社長が、１人で闘っていました。
　その姿が幼い頃に見た、自分の父の姿と重なりました。

　私の父は、工務店を家業とし、新築や増改築の施工をしていました。
　お客様の家に行く父について行き、車で待っていると、浮かない顔をした父親が戻ってきました。
　家に帰ると、夫婦ゲンカが始まります。

「また集金できなかったんじゃ……」

個人のお客様の中には、代金を支払ってくれない人もいました。

　人のいい父親は押し負けて、回収できないことがよくあったのです。

幼いながら私は、こう考えていました。

「お金のことを管理してくれている税理士さんがしっかりしてくれた

ら、お父さんは苦しまないで済むのに……」

　高校卒業後、公認会計士になると決めた私は、大学３年次にその当時

最年少で公認会計士２次試験に合格しました。

　社長に寄り添い、経営のサポートをするのは、会計士より税理士の仕

事が合っていると思っていましたが、上場企業の内部統制を学びたいと

思い、大手監査法人に入社を決めました。

　監査法人で８年間勤め、あらためて、やりたいことが明確になりました。

「中小企業の社長に寄り添い、助けたい」

　1998年８月、宮崎会計事務所を開業しました。

　経営のサポートをしたい、という思いはあっても、そうしたやりたい

仕事ができるわけではなかったのです。

　経営者が会計事務所に対して持つイメージは、次のようなものだから

です。

・税金の計算

　　・税務署の税務調査対策

　　・節税の相談

　　経営者の頭の中には、会計事務所が経営のサポートをしてくれる、という認識はなかったのです。

　　そのため、私は税務の仕事から入り、少しずつ経営のサポートへと仕事の範囲を広げていくことにしました。

　　そして、自分のやりたいことを社内外に発信するため、2004年8月、株式会社創明コンサルティング・ブレインを設立しました。社名には、お客様の経営に真に役立つ「ブレイン」になるために、という意味を込めました。

「今いただいている税務顧問の報酬のままで、コンサルティングもやらせてください」

　　これは今はなき、倉敷チボリ公園（岡山県倉敷市にかつてあったテーマパーク）を運営していた、チボリ・ジャパン株式会社の税務顧問をしていた私が、同社の経営幹部が毎月集まる月次経営会議に参加したときに発した言葉です。

　　私は月次決算書を作成して、会議の参加メンバー全員に配付しました。それは税務署が必要とする、税金の計算のための資料ではなく、現在の経営状態が正しく伝わり、未来の戦略を立てるために必要な資料です。社長の考えの裏付けとなり、参加メンバーに伝える資料です。

それから約3年、再建に向けてさまざまな手が打たれましたが、最終決定権が所有者である岡山県にある状態だったため、チボリ・ジャパン株式会社にできることは限られ、再建は実を結ばず、2009年1月1日に終焉を迎えました。

　目の前で遊具や建物が破壊され、更地になっていった倉敷チボリ公園。

　解散・清算へと続く株主総会に、税務顧問として立ち会うなかで、やりきれない悔しさが残りました。

「月次経営会議での月次決算資料による報告に、本当に感謝しています。結果的に会社の再建は叶いませんでしたが、あの経営会議で社員は、本当に会社の経営の実態を理解し、納得して辞めることができ、次へのスタートを切ることができました」

　最後の一瞬まで向上心を持って、絶対に諦めなかった社長からの言葉に、熱いものがこみ上げました。

　会計は、決して万能ではありません。会社の未来をデザインするための羅針盤になっても、会社が必ずうまくいくとは限りません。

それでも、１人孤独に闘う、中小企業の社長を応援し続けたい。お客様を選び、顧問先の９割が黒字と標榜するのではなく。危なくなったら手を引き、倒産件数０を標榜するのではなく。決して諦めず、活路を見出す軍師でありたい。社長や社員の人生を守れる、参謀でありたい。

　自分の父親を救うことはできませんでしたが、これから出会う社長を救いたいという思いは、どんどん強くなっています。

「この月次決算資料に、いい名前を付けたいね」

　この倉敷チボリ公園の社長のひと言から、本書で紹介する、「過去」の数字を記録するための会計ではなく、会社の「未来」に目を向けるという意味で「未来デザイン決算書」が生まれました。

　これはすべて実話です。
　ここに、私の税理士・公認会計士としての仕事の原点があります。

　倉敷チボリ公園を運営していたチボリ・ジャパン株式会社の最初で最後の税務顧問をするなかで、本書のもととなった「未来デザイン決算書」は誕生しました。
　この考え方を１冊の本にまとめ、2012年１月に『未来決算書で会社は儲かる！』（こう書房）として上梓しました。
　その後、「未来デザイン決算書」のExcel版を開発したことにともなって、さらにこの考え方を広めるために「一般社団法人未来会計マスター

協会」を立ち上げ、全国で「未来会計マスター講座」を開催していま
す。「未来デザイン決算書」は、その後、クラウド版を開発し、私のク
ライアントをはじめ、多くの方の経営のサポートに活用されています。
　本書は、その「未来会計マスター講座」のエッセンスを余すことなく
開示したものとなっています。

「未来会計マスター講座」を開講するにあたり、当初は上場会社である
お客様の決算書を題材として扱っていたのですが、その後、株式会社オ
リエンタルランドの決算書を題材とすることにしました。
　それは、テーマが「会計」という一般の人にとってはとっつきにくい
ものであることから、せめて題材ぐらいは「明るく楽しく」ということ
で、「夢と魔法の国」東京ディズニーランドを運営する株式会社オリエ
ンタルランドに白羽の矢を立てたのです。
　オリエンタルランドを選んだもう1つの理由には、倉敷チボリ公園と
同じ「テーマパーク」ということから、心のどこかで比較していたこと
も少なからずあるかもしれません。
　とくに本書で取り上げている、2013年3月31日決算、2014年3月31日
決算のオリエンタルランドの業績は、利益、キャッシュフロー、財務体
質のどれをとってもお手本となる数字を示してくれています。
　本書の発行は2021年3月なので、少しデータが古いと感じるかもし
れませんが、コロナショックで当たり前が当たり前でなくなった今だか
らこそ、「どんな時代でも目指すべき会社の数字の1つのモデル」とい
う意味でも、参考にしていただきたいと思い、オリエンタルランドを取
り上げました。
　そして、オリエンタルランドという盤石な会社でさえ、予期せぬ出来
事があれば経営が揺らぎかねないのも事実で、「エピローグ」に最新の

オリエンタルランドの決算書に基づく経営会議を再現してみました。あなたが社長になったつもりで読んでみてください。

　本書を読めば、社長の夢をかなえる、「未来に目を向けた会計」が体験できるはずです。

　言葉や用語の難しいところは、そういうものだと割り切って、どうか最後まで気楽に読み進めていただければと思います。

　なお、2～5章の章末に「付録」として、「経営力」をチェックするための選りすぐりの「分析比率」を紹介しております。これらは（本文では触れていないものもありますが）私がクライアントの会社の状況を把握する際にも指標としており、現状を認識して、未来への「経営の打ち手」を考える判断材料となるはずです。分析することによって、次のアクションも見えてくるので、あなたの会社の「経営力」を向上させるべく、ぜひ活用してみてください。

宮崎栄一

決算書を「経営の武器」に変える

「過去会計」から「未来会計」へ
～「成り行き経営」から「戦略経営」へ～

第2章 会社が利益体質に生まれ変わる「決算書」の使い方

どこに手を打てば利益を出せるか?
〜「未来デザインPL」の使い方〜

第3章 利益を出すための「売上」のつくり方

どうすれば、「儲かるビジネスモデル」をつくれるのか？
〜「経営計画書」の使い方〜

第**4**章

利益を「お金」に残す
キャッシュフロー経営

「儲けた利益」はどこに消えたのか？
～「未来デザインCF」の使い方～

第5章 会社の「財務体質」を盤石にする キャッシュバランス経営

どこに手を打てばお金を残せるか?
～「未来デザインBS」の使い方～

カバーデザイン	山之口正和（OKIKATA）
本文デザイン	山之口正和＋沢田幸平（OKIKATA）
DTP	藤原政則（アイハブ）
企画協力	天田幸宏
編集協力	堀容優子

第 **1** 章

決算書を
「経営の武器」に変える

「過去会計」から「未来会計」へ
〜「成り行き経営」から「戦略経営」へ〜

決算書を活用できない中小企業の社長

▶小さな会社が利益を出し、お金を残す方法
▶「節税するとお金が増える」は大きな間違い

会社の「お金の儲け方、残し方」を理解していない社長

　私は公認会計士として大企業の監査業務を経験したり、税理士として中小企業の会計・税務をはじめ経営全般をサポートしたりしています。

　これまで何百社という会社を見てきたなかで、**「黒字を続ける会社」と「赤字が続く会社」は、社長が「お金の儲け方、残し方」を知っているかいないかで決まると感じるようになりました。**

　まず、「お金の儲け方・残し方」を理解していない社長の発想をいくつか挙げてみます。

「早期に返す必要のない借金」を返してしまう

　お金は少しでも多く借り入れ、できるだけゆっくりと返すことでお金が急激に減るのを防ぐことができ、財務は安定します。大企業がやっているのはまさにこれですが、中小企業の社長は逆の発想をしてしまいがちです。

　たしかに、誰しも借金をしたくはないものですが、中小企業の社長は「今月はちょっと売上が増えて入金が多かった」となると、すぐに銀行

にお金を返そうとしてしまうのです。せっかく銀行が「ゆっくり返してくれてかまいませんよ」と約束し貸してくれたにもかかわらずです。

　無理な借入返済は当然、会社のお金を急激に減らすことになります。その後、売上が再び落ちようものなら、たちまち運転資金が不足することになります。

　そして再びお金が必要になっても、銀行がお金を貸してくれる保証はありません。ところが多くの社長は、そのことに頭がいかないのです。

「節税しなければ」と思い込んでいる

　同様にやってはいけないこととして、**「節税が目的」**になっていることが挙げられます。

「節税」のつもりで本当に必要かどうかも吟味せず、ただ経費をつくりたいためだけに何かを買ってしまう。それが本当に「節税」になっているのかどうかを考えていないのです。

　いわば、ムダな買い物をしておいて、税金が減ったというだけの現象に過ぎないものを「節税」だと思い込んでいるのです。

　中堅以上の規模の会社では、中小企業でやりがちな節税ありきのお金の使い方はしません。とくに大企業は節税など気にもかけません。

「節税」という発想をした時点で、中小企業の域から出られなくなってしまいます。残念ながら、会社の規模によって「節税」に対する考え方はまったく異なっているのが実情です。

　節税するとなぜお金が増えないのか、その理由は本書の中でじっくりと解説していきますが、中小企業の社長は**「節税を考えた時点で頭打ち。会社は成長できない」**ということをよく理解しておいたほうがいいでしょう。

「赤字は異常事態」ということに気づいていない

　国税庁の調査によると、中小企業の約8割が赤字です。

　上場企業であれば、赤字を出すと株主総会で株主から突き上げを食らうので、何とか打開策を打ち出そうと躍起になるところでしょう。

　ところが、**中小企業の社長は「赤字が当たり前」になってしまいがちで、「赤字＝異常事態」という認識がないのです。**

　もちろん、大企業であっても、一時的に赤字を出すことはあります。ただ、それを「どうとらえるか」が重要なのです。「赤字になった！ 大変だ！　どこに問題があったのだろう？　改善しなくては！」と手を打ち始めるのか、「ウチみたいな弱小企業は赤字でも仕方がない。まだつぶれるほど悪くはなっていないから、まあいいか」と思ってしまうのか。それが運命の分かれ道になります。

「赤字は危険！」の認識が大事

　厳しい言い方かもしれませんが、「赤字でも仕方がない」と容認してしまうようであれば、経営者には向いていません。さっさと会社を畳んで、勤め人になるべきでしょう。そのほうがご本人のためでもあるし、ご家族や従業員のためでもあります。

「赤字でも平気な社長」には、自分の頭で考えることをせず何でも人に教えてもらおうとする傾向があります。自分で考えることなく、「どうすればいいでしょうか？」と私のような税理士やコンサルタントに判断を求めてくるのです。

　顧問税理士である私は、その会社の現状を数字の根拠に基づいて分析し、その結果を社長に伝えることはできます。どういう戦略を採ってい

くべきか、いくつか提案することもできるでしょう。

　ただし、それに対して、**「何を、どうするのか」を判断するのは、やはり最終的には経営者である社長自身であって、**顧問税理士の役割ではありません。

　人に決めてもらおうと考える時点で、社長としての資質に欠けていると言わざるを得ません。

2 会社を成長させる社長は、例外なく数字に強い

▶会社の利益体質は「社長の数字に向き合う姿勢」に表れる
▶月次決算書を活用しないなんて、もったいない

まず「数字」に対して敏感になること

　では、どうしたら「赤字で当たり前の体質」から脱却して、会社を成長路線へと導くことができるのでしょうか？

　それには、まず**「数字」に対して敏感になること**です。具体的に言うと、**「毎月、定例の経営会議を開いて、前月の数字を検討すること」によって数字に向き合うことが大事**です。

　「前月の数字の理由がどこにあるのか？」、売上が下がったなら「下がった要因」を、上がったのなら「上がった要因」を探り、対策を考えていきます。数字を根拠にした経営戦略を立てていくわけです。

　こうしたことは中堅以上の会社、とくに大企業においてはごく普通に行われていることですが、中小企業では上位数パーセントの会社においてしか行われていません。

　「数字に強い社長」になることを目指す。それが会社の経営を軌道に乗せるために、第一にすべきことです。

　そのためには、毎月の経営会議を設け、**「決算データの意味するところを読み解く力」**を身につける必要があります。

「経営の打ち手」に使える業績評価は月次でしかできない

経営の根底には「**継続企業の前提（ゴーイング・コンサーン）**」というものがあります。設立した会社は、永遠に続くという前提に立っています。

創業者は誰しも、会社を永遠に続けたいという思いや願いを持って起業されているはずです。日々、途切れなく行われる経営活動に対して、どこかで人為的に期間を区切らないと業績評価ができません。

そこで法律上、1年に一度、決算を締めなければならないと決められているわけです。

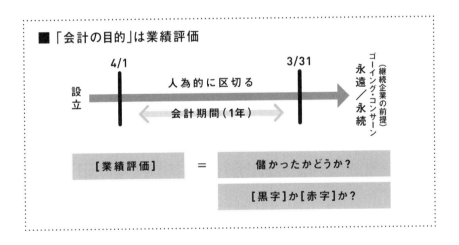

しかし、1年に一度の年次決算だけでは「**経営の打ち手**」を見つけることはできません。決算を「使えるもの」にするためには、もっと頻度を上げて業績を把握していかないと状況変化に対応することはできないでしょう。

　そこで私は、**1カ月に1回の月次決算が適切な頻度**だと考えています。意識の高い社長であれば、「では、日次決算でやろう」と言い出すことがあります。しかし結局、売上はまだしも経費の項目を毎日つかむことができないため、日次決算は現実的ではありません。

　そもそも会社の業務は「月次単位」で行われています。売上の請求も月次、給料の支払いも月次で行われている現実から見て、それは明らかです。その意味でも、適正な業績評価は月次決算で行うべきです。

3 なぜ、中小企業では 毎月の経営会議が 開催されないのか?

▶ まずは毎月の「経営会議」を行う日程を決めてしまう

「月1回の決算の締め日」と「1年間の経営会議の日程」を決める

　私の場合、クライアント企業から経営コンサルティングを依頼されたときは、最初に1年間・12回分の経営会議の日程を決めてしまいます。

　社長や経営陣は日々忙しいので、直前になって会議のためのスケジュールを決めようとしてもなかなか決まりません。結局、会議が開催されないまま流れてしまうか、偶然にスケジュールが空いたときに会議を開催しても、目的のない会議に終始してしまいがちです。

　私が向こう1年間の社長や経営陣と自分のスケジュールを押さえて開いている会議は、**前月までの数字を振り返り、そこから「経営の打ち手」を考えるための前向きな場**です。

　まずは、そのことをしっかりと認識してもらうようにしています。

　経営会議の日程から逆算して、「経理上の月次決算をいつ締めるか」という日程を決めてもらいます。私の会社が記帳代行している場合は、その会議の日程に向かって締めていき、もしクライアント企業が社内で月次決算を締められるようであれば、その日までに締めてもらうようにしています。

　中には、「月次決算を締めるのは自分のところでやれるけれども、チェックをしてほしい」という要望をいただく場合もあります。そんなときは、チェック日の前日までに、月次決算を締めてもらえるようにスケジューリングしています。

「営業は日本一、経理は最低」と言われたH社の事例

　「月次決算の締め日」と「経営会議の日程」を決めることの効果は、絶大です。

　以前、こんなことがありました。ある会社（仮にH社とします）から「ウチの経理を合理化してもらえませんか」という依頼がありました。

　早速、H社を訪ねてみたところ、社長が「ウチの営業部隊はすごいんです。日本一と胸を張って言えます。でも経理が全然ダメなんです」とのこと。その会社の会計及び税務顧問として仕事を担当させていただくことになり、経理関係の書類を見せてもらいました。

　すると、社長の言葉とは裏腹に経理業務の体制は、とてもきちんとできているのです。翌月4日には月次決算は締まっているし、試算表もできています。

　そこで私は毎月、締め日の翌日の5日にその会社にチェックに行くことにしました。そして、「その1週間後に、月次決算をもとに会社側と私、それぞれが作成した資料を持ち寄って経営会議をしましょう」ということになりました。

　第1回目の経営会議が終わった後、社長が感動の面持ちで私にこう言いました。

　「先生のおかげで全然ダメだったウチの経理がよみがえりました。あり

がとうございます」

　社長にこう言っていただけたのはありがたいことではあったのですが、じつは私のしたことと言えば「月次決算の締め日」と「経営会議の日程」を決めただけです。

　にもかかわらず、なぜ社長はここまで感激したのでしょうか？　それは社長自身が**「月次決算をもとに、会議を行うことの意義」を強く感じることができたためです。**

　H社では、これまでも経理担当者は真面目に仕事に取り組んでいました。ところが、ただ1つ決定的な手落ちがありました。

　それは、月次の決算書をつくったらつくりっぱなしで、社長に対して「月次決算が締まりました。今月の売上は〜、利益は〜、お金は〜、前月と比べて〜、前年と比べて〜」などの報告ができていなかったのです。

経営会議は「問題発見」のためにある

　月次決算書には、会社の重要な情報が詰まっています。H社ではそのことを経理担当者が報告できていなかったため、社長も認識できていませんでした。

　ところが、「月次決算の締め日」と「経営会議の日程」を決めたことによって、月次決算の報告が社長に対してなされるようになりました。それが社長にとっては「経理が生まれ変わった」ほどに感じられたのです。

　毎月、定点観測で数字を見ていくことの意義は**「問題発見」**にあります。**「異常を見つけること」**と言い換えてもいいでしょう。

　私は会社の数字を見て、「何も異常はありませんでした」という言葉を絶対に信じません。それは信念と言ってもいいくらいです。

　私の会社のスタッフには、クライアント企業の月次決算の経営会議のサポートを任せています。しかし、ともすると「とくに異常ありません」といった議事録があがってくることがあります。

　そんなとき、私は「いやいや、そんなことがあるはずはない」と追及します。会社は日々、いろいろな経営課題に直面しているはずです。それを、経営のサポートをする私たち顧問税理士が「異常なし」と感じてしまうのは、クライアントに対して関心が低く、アンテナが立っていないからなのです。

　数字の上っ面だけを見ていると、そういうことになりがちです。しかし、**数字がどう変化しているか、その奥にあるものをよく見ようとすると**、決して「異常なし」などという言葉は出てこないはずです。

　裏返すと、数字を見て異常を感知できるようになれば、そこから「経営の打ち手」を生み出すことができるようになります。

4 社長の仕事は毎月の「PDCA」を回す戦略経営

▶過去会計→成り行き任せの放漫経営
▶未来会計→PDCAサイクルを回す戦略経営

「会計」と「経営」は切っても切れない関係にある

本書の目的は、「決算書」について学びながら、じつは「経営」について学んでいただくことにあります。なぜなら、「会計」と「経営」は、切っても切り離せない関係にあるからです。

会計には、「未来会計」と「過去会計」という2つの考え方があります。「未来会計」は、「PDCAサイクルを回す戦略経営」の考え方と表裏一体です。「未来会計」という言葉をいつ頃から、誰が言い始めたのか定かではありませんが、私は公認会計士になった当初から、会計とは本来、未来志向で経営の役に立つべきものだという考えを持っています。

一方、「過去会計」は、「成り行き任せの放漫経営」と表裏一体です。もちろん、社長にとって、どちらが望ましい経営かは明らかでしょう。

しかし、残念なことに、小さな会社の大多数は会計を「過去会計」の範疇でしか活用できていないのが現状です。ぜひ、本書で紹介する「未来デザイン決算書」をマスターしながら、「未来会計」に取り組んでみてください。

■「未来会計」とは……

・[PDCAサイクル]を回す[戦略経営]

・ただし、小さな会社は、
　ハードルの高い[PDCAサイクル]でなく、
　取り組みやすい[DCPAサイクル]で回す

> Do…自社の決算書・試算表（実行）
> Check…未来デザイン決算書で現状確認（評価）
> Plan…なりたい会社（自分）をイメージ（計画）
> Act…打つべき手（Scrap&Build）を決定（改善）

■「過去会計」は……成り行き任せの[放漫経営]

　本書の読者対象は、ずばり社長です。また、社長をサポートする経営幹部、経理部門、経営コンサルタント、会計事務所の所長やスタッフの方が読んでも活用できる内容となっています。

　ただ、机上の空論ではなく、ぜひリアルな決算書を手に取り、実際の生きた経営の数字を「未来デザイン決算書」に穴埋めしながら、リアルな経営について思索を巡らしてほしいのです。

　これから起業を目指す方は、モデルやお手本とする会社の決算書を片手に、本書に取り組んでみてもよいでしょう。

　本書は、決算書の作成方法を学ぶものではありません。そして、社長は、決算書を作成する人ではなく、決算書を活用する人です。決算書をつくれなくても、読めなくても、大丈夫です。決算書の作成には優秀な経理担当者を雇うか、優秀な会計事務所と顧問契約をしてください。

　社長には、**決算書を経営に活用できる人**になってほしいのです。

5 決算書を「経営の武器」に変える数字の読み方

「数字に強い」のが経営者の必須条件

「数字に強い」というのは経営者の必須条件です。「数字に強い」をひと言で言えば、**「数字を塊でとらえられるかどうか」**です。そのための基本ルールが3つあります。

世界標準は「千進法」

1つ目の基本ルールは、**【千進法】**です。

たとえば、次の数字が並んでいるとします。

1234567890円

こういう形で表示されたら、この金額を頭から数えてすぐに読めますか？ このままでは、ふだん数字によく接している私でも読むことはできません。そこで、3桁ずつカンマ（,）を打てば、さきほどの数字も頭から読むことができます。

1,234,567,890円→じゅうおく、さんぜんよんひゃくごじゅうろく

まん……というふうに頭から読むことができるのです。これが、世界標準の３桁くくりの「千進法」です。

　一般的に日本人は「12億3456万7890円」というふうに数字を４桁単位で読む（あるいは書く）クセが身についています。新聞や雑誌、ニュースなどで４桁くくりで表現されるので、それに慣れてしまっています。それが災いして、３桁くくりの数字を頭から読めなくなってしまっているのです。

　社長や経営陣は、この「千進法」で数字が読めるようになってください。一瞬で桁がわかると、数字のイメージがつきやすくなります。

「百万円」を最低単位として、未来志向で数字を読む

　続いて２つ目の基本ルールは、【百万円単位】で数字を見ていくクセをつけることです。

　1,234百万円（12億34百万円）という形で数字を読んでいきます。

　社長が「経営の打ち手」を考える数字は、百万円単位です。借入金も、百万円単位で行います。10万円単位でお金を借りてくる社長などいないでしょう。

　経理や財務で実際に決算書をつくる人なら、円単位で正確に作成することが求められますが、**社長はでき上がった決算書をいかに未来志向で読んでいくかが大切です**。社長は、百万円単位で考えるクセをつけてください。英語で百万円はミリオンなので、1,234Mという表記をします。

上から２〜３桁で数字を「塊＝イメージ」でつかむ

　３つ目の基本ルールは、【上から２〜３桁まで】で数字を読んでいく

ことです。

　たとえば、来期の売上目標などの数字を扱う場合、従業員に覚えてもらうとなると、「12億3,400万円」を目標として打ち出したときに、明日従業員の何人がそれを覚えているでしょうか。

　人間が記憶できる数字は【上から2～3桁まで】くらいなので、この場合だと「12億」という形で数字をつかまえていきます。

　数字を概観して、塊としてつかまえていくことが大事です。そこで本書の中で基本的に扱っていく数字は、このあとすべて、**百万円単位（M＝ミリオン）**になっています。

　数字を見たときにパッと理解できるかどうかは、経営感覚とも連動しています。端的に言えば、経営感覚が優れている社長は、出された数字を即座に読むことができ、経営センスのない社長は読むことができません。**経営感覚を研ぎ澄ますための第一歩は、「数字を大きな塊で読めること」と言っても過言ではないのです。**

　■ 数字に強くなる3つの基本ルール

　　① 基本の基本として「千進法」で数字を読めるように
　　② 未来志向の数字は「百万円単位」で考える
　　③ 人間が記憶できる数字は「上から2～3桁まで」

　　　　　　1234567890円
　→ ① 1,234,567,890円
　→ ② 1,234百万円（M）
　→ ③ 12億

数字が苦手な社長のために決算書は図表化する

▶「制度会計の決算書」は「経営の打ち手」には使えない
▶決算書を図表化して、経営の全体像を俯瞰する

「制度会計の決算書」は、そのままだと数字の羅列

毎月の経営会議に欠かせないのが「**月次決算書**」です。

みなさんの会社では、どのような「月次決算書」をつくっていますか？

おそらく税金の申告や金融機関に融資の申し込みをする際に使う、税法や会社法のルールに基づいて作成された、いわゆる「制度会計（財務会計、税務会計とも）にのっとった決算書」なのではないでしょうか。

「制度会計の決算書」は様式が決められていますが、その様式には致命的な弱点があります。それは、**与えられた形のままでは「経営の打ち手」を考えるためには使いものにならない**ということです。

「制度会計の決算書」はそのままだと数字の羅列に過ぎず、一瞥しただけではそれぞれの数字がどんな意味を持っているのかさっぱりわかりません。

たしかに、「数字に弱く、決算書も読めないのは経営者として問題あり」ですが、では、決算書の読み方を勉強しない社長が悪いのかと問われれば、じつは「無理もないな」とも思っています。「制度会計の決算書」から、必要な情報を読み取ろうというのは至難のワザだからです。

会計のプロである私でさえ、「制度会計の決算書」は「経営の打ち手」

を考えるには、とても使いづらい代物なのです。**「経営の打ち手」**に
「本当に必要な数字」が計算しないと出てこないからです。

「制度会計の決算書」は言ってみれば「過去」の実績を数値として羅列
したものに過ぎません。過去はわかっても未来には役に立たない……そ
れが「制度会計の決算書」なのです。

財務三表とは？

日本の会計基準では、次の３つの表を「財務三表」と言います。

1　損益計算書（略してＰＬ：Profit and Loss statement）
2　貸借対照表（略してＢＳ：Balance Sheet）
3　キャッシュフロー計算書（略してＣＦ：Cash Flow statement）

■「損益計算書」のキホン

一会計期間における経営成績を表現したフローの表

借方	貸方
費用（△） （正味財産を減少させる取引）	収益（＋） （正味財産を増加させる取引）
利益	

収益－費用＝利益

Profit and Loss statement ⇒ **PL**
（プロフィット アンドロス ステイトメント）　　（ピーエル）

「損益計算書（ＰＬ）」とは、「ある一定の期間の間に得られた収益から、その獲得に掛かった費用を差し引いて損益を計算する表」です。その期間に行われた取引の記録の累計額が記載されており、「儲けとその原因（収益と費用）」を管理する計算書です。

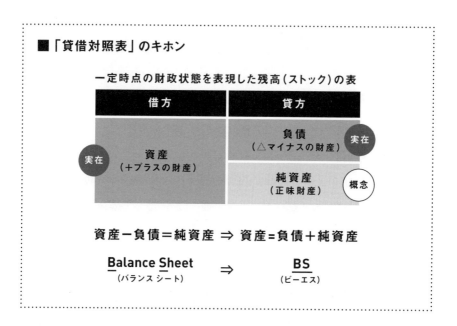

■「貸借対照表」のキホン

一定時点の財政状態を表現した残高（ストック）の表

借方	貸方
資産 （＋プラスの財産） 実在	負債 （△マイナスの財産）　実在 純資産 （正味財産）　概念

資産－負債＝純資産　⇒　資産＝負債＋純資産

Balance Sheet　⇒　BS
（バランス シート）　　　（ビーエス）

「貸借対照表（ＢＳ）」とは、「ある時点で会社が持っている財産の残高を、資産と負債、さらにはその差額である純資産に分けて表した表」です。Balanceに残高という意味があります。また、「借方（左側）と貸方（右側）の残高が一致（バランス）している表」という意味もあります。

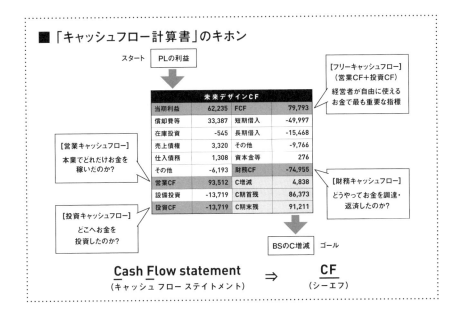

■「キャッシュフロー計算書」のキホン

スタート　PLの利益

[フリーキャッシュフロー]
（営業CF＋投資CF）
経営者が自由に使える
お金で最も重要な指標

未来デザインCF			
当期利益	62,235	FCF	79,793
償却費等	33,387	短期借入	-49,997
在庫投資	-545	長期借入	-15,468
売上債権	3,320	その他	-9,766
仕入債務	1,308	資本金等	276
その他	-6,193	財務CF	-74,955
営業CF	93,512	C増減	4,838
設備投資	-13,719	C期首残	86,373
投資CF	-13,719	C期末残	91,211

[営業キャッシュフロー]
本業でどれだけお金を
稼いだのか？

[投資キャッシュフロー]
どこへお金を
投資したのか？

[財務キャッシュフロー]
どうやってお金を調達・
返済したのか？

BSのC増減　ゴール

Cash Flow statement
（キャッシュ フロー ステイトメント）　⇒　CF
（シーエフ）

「キャッシュフロー計算書（CF）」とは、「ある一定期間の現金の増減、つまりお金（現預金）の出入りを管理する計算書」です。

　このように、それぞれ性質の異なる3種類の決算書で、「会社の儲け」と「お金（現預金）」を管理しています。

財務三表は、会計のプロにとっても説明しにくい

　会社の「儲け＝利益」と「お金＝現預金」を管理するうえで、財務三表は本来、重要な役割を果たすはずのものです。そこには会社を経営する際に、知っておかなければならない数字の情報が詰まっています。

　ところが、前述したようにいずれの表もあらかじめフォームが決められています。税務署や銀行に提出しなければならないので、そのフォー

ムでつくるしかないのですが、ではそのままの形で「経営の武器」になるかと問われたら、「なりません」と答えるしかないでしょう。

　なぜかと言うと、数字の羅列に過ぎないので会社を経営していくうえでの「強み」や「弱み」が見えてこないからです。

　公認会計士・税理士であり、会計の専門家である私でさえ、「制度会計の決算書（財務三表）」を使って経営会議に臨み、社長や経営陣に会社の現状を説明し、「経営の打ち手」を一緒に考えるのは至難のワザです。

　説明のもととなる決算書自体がわかりにくいので、経営のプロではあっても会計のプロではない社長に、わかりやすく明瞭に説明することはどうしても難しいのです。

　そこで、「制度会計の決算書」を、少しでも社長や経営陣にわかりやすくなるように、なるべく要約し図表化したものが、これから紹介していく**「未来デザイン決算書」**です。

視覚的・直感的に わかりやすい 「未来デザイン決算書」

▶科目を大幅に要約して簡潔化を実現
▶パッと見て理解できる画期的な決算書

「未来デザイン決算書」は最小限の数字を見やすく配置

「未来デザイン決算書」は、次の３種類からなっています。

・未来デザインＰＬ
・未来デザインＢＳ
・未来デザインＣＦ

「未来デザイン」という文言が頭についているだけで「従来の決算書と変わらないじゃないか」と思われる方もいるかもしれません。

しかし、一瞥していただければ、これまでの決算書とはまったく異なることを理解していただけるはずです。従来の決算書に比べて、「未来デザイン決算書」の三表は、**最小限の数字で会社の業績の全貌を表す**ことができるよう、勘定科目をまとめて数を絞り、すっきりと見やすく直感的に理解しやすいようビジュアル的な工夫をしています。

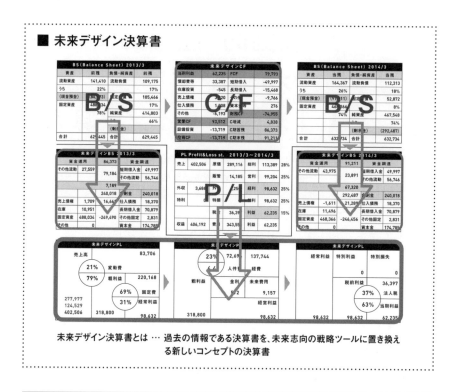

未来デザイン決算書とは … 過去の情報である決算書を、未来志向の戦略ツールに置き換える新しいコンセプトの決算書

「未来デザイン決算書」は最新型の経営のコックピットシート

　従来の決算書と「未来デザイン決算書」との違いは、言ってみれば旧型飛行機のコックピットから最新型のコックピットに変わったようなイメージです。古い飛行機のコックピットにはじつに多くの操縦機器が並んでいますが、新型のコクピットではすっきりしたレイアウトになっており、必要なときに必要なものが取り出せるシステムになっています。

　従来の「制度会計の決算書」は旧型のコックピットと同様に、勘定科目がズラズラと並んだ、読みにくくわかりにくいものです。それを「未来デザイン決算書」に改編することで、必要な情報を見せていく新型コックピットに近いものになります。

■「未来デザイン決算書」の特徴

過去会計＝放漫経営	未来会計＝戦略経営

従来の決算書

つくる書類	数字の意味
損益計算書 キャッシュフロー計算書 貸借対照表 ➡数字の羅列	円単位 ➡過去志向

タイミング	誰のため
毎年（1年に1回） ➡年次決算	税務署（納税のため） 銀行（債務者として） 株主（配当） ➡制度会計（過去会計）

わかりにくい
経営の役に立たない

未来デザイン決算書

つくる書類	数字の意味
未来デザインPL 未来デザインCF 未来デザインBS ➡図表やグラフ	百万円単位 ➡未来志向

タイミング	誰のため
毎月（1カ月に1回） ➡月次決算	経営者（社長） 社員 ➡管理会計（未来会計）

わかりやすい
経営の役に立つ

では、1種類ずつ概要を説明していきます。

「儲けの構造」が見えてくる「未来デザインPL」

まず「未来デザインPL」についてです。

「制度会計のPL」は「収益−費用＝利益」という「儲けの過程」を表したものに過ぎず、「どうやったら利益が出るのか？」という「儲けの構造」まではわかりません。

しかし、「未来デザインPL」では、「儲けの構造」をつかむことができます。つくり方のポイントは、**経費を「変動費」と「固定費」に分類すること**です。

「制度会計のPL」では、経費が非常に細かく分類されていますが、木を見て森を見ずで、細部にばかりとらわれてしまうと重要な数字が何な

のかがわからなくなってしまいます。

　そのため「未来デザインＰＬ」では、ざっくりと経費を「変動費」と「固定費」に分けることにより、簡潔でわかりやすくなり、さらに「儲けの構造＝ビジネスモデル」まで浮き彫りになります。

　それが「制度会計のＰＬ」では知ることのできない、**「経営安全率」や「損益分岐点比率」「労働生産性」**などの数字です。

　みなさんは、自分の会社の「経営安全率」や「必達の売上額」を把握できていますか？

　おそらく何となく感覚的にわかっている気がしている方がほとんどではないでしょうか。そんなふうに**漠然と感じているものを、はっきりとした数字にして見せてくれるのが「未来デザインＰＬ」**なのです。

　次の２つの図は、株式会社オリエンタルランドの2013年４月１日から2014年３月31日までの経営数字をもとにした「制度会計のＰＬ」と「未来デザインＰＬ」です。

　オリエンタルランドは上場会社なので、有価証券報告書をつくって公開しています（インターネットでも簡単に入手できるので、コピーして手元に置いて随時参照するようにしていただくと、理解が深まります）。

　「未来デザインＰＬ」は図表化されているため、視覚に訴えるものになっているのを感じられることでしょう。「制度会計のＰＬ」に記載された必要な数字を分解し、必要最低限の数字を入れてつくったものです。

　第２章の「未来デザインＰＬ」の考え方・つくり方のところで詳しく説明しますが、「未来デザインＰＬ」をつくることで「儲けの構造」や「経営の打ち手」が浮き彫りになります。

■ 制度会計のPL

【損益計算書】 (単位:百万円)

	前事業年度 自 2012年4月1日 至 2013年3月31日	当事業年度 自 2013年4月1日 至 2014年3月31日
売上高	341,327	402,506
売上原価	256,959	289,116
売上総利益	84,367	113,389
一般管理費	13,612	14,185
営業利益	70,755	99,204
営業外収益		
受取利息及び配当金	3,761	2,134
雑収入	912	1,551
営業外収益合計	4,673	3,686
営業外費用		
支払利息	698	509
社債利息	944	614
社債償還損	249	2,761
雑支出	410	373
営業外費用合計	2,302	4,258
経常利益	73,126	98,632
税引前当期純利益	73,126	98,632
法人税、住民税及び事業税	25,770	35,473
法人税等調整額	△243	923
当期純利益	47,599	62,235

■ 未来デザインPL

(単位:百万円)

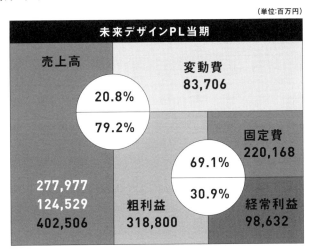

45

会社の「財務体質」が浮き彫りになる「未来デザインBS」

「未来デザインＢＳ」には、次のような会社経営において非常に重要な
数字が記載されています。

・どうやってお金を調達したか
・調達したお金をどのように活用したか
・今、使えるお金がいくらあるか

■ 制度会計のBS（一部）

【貸借対照表】　　　　　　　　　　　　　　（単位：百万円）

	前事業年度 （2013年3月31日）	当事業年度 （2014年3月31日）
資産の部		
流動資産		
現金及び預金	86,373	91,211
売掛金	16,527	17,685
有価証券	20,699	36,509
商品	7,167	7,106
原材料	427	559
貯蔵品	3,357	3,831
前払費用	688	628
繰延税金資産	4,389	5,096
その他	1,778	1,737
流動資産合計	141,410	164,367
固定資産		
有形固定資産		
建物	199,691	191,801
構築物	63,184	59,751
機械及び装置	28,512	25,625
船舶	3,397	2,983
車両運搬具	434	434
工具、器具及び備品	6,317	6,489
土地	97,845	99,140
建設仮勘定	9,482	5,911
有形固定資産合計	408,865	392,139
無形固定資産		
ソフトウエア	4,693	6,546
水道施設利用権	1,682	1,218
その他	377	301
無形固定資産合計	6,752	8,066

「制度会計のＢＳ」は、どこが重要な数字なのかがわからず、データとして活用することもままなりません。

そこで数字の羅列にしか見えない「制度会計のＢＳ」を要約して、「使えるＢＳ」をつくるためのファーストステップとして、勘定科目を14科目に絞り込んだ「要約ＢＳ」を作成します。

これをもとに、「財務体質」を浮き彫りにする「未来デザインＢＳ」を作成します。「未来デザインＢＳ」の右側「負債・純資産」には**資金をどう調達したか**、左側の「資産」には**調達した資金をどう使ったか**が記載されています。これらの情報を「生きた情報」に転換するためには、**調達した資金の額とそこから使われた資金の額の差額を、ひと目でわかるようにする**必要があります。そこで考案したのが、「要約ＢＳ」の数字を資金別に分け、並べ替えた「未来デザインＢＳ」です。

■ **制度会計のBS（要約）**

(単位:百万円)

┌─── 資金運用 ───┐　　┌─── 資金調達 ───┐

BS（Balance Sheet）2014/3

	資産	当残	負債・純資産	当残	
①	現金預金	91,211	短期借入	0	⑧
②	売上債権	17,685	仕入債務	19,678	⑨
③	前受金	-19,296	他流動負債	67,866	⑩
④	在庫	11,496	長期借入	56,411	⑪
⑤	他流動資産	43,975	他固定負債	1,934	⑫
⑥	固定資産	468,366	資本金等	175,061	⑬
⑦	繰延資産	0	剰余金	292,487	⑭
	合計	632,733	合計	632,733	

※1　前受金は、あえて流動資産に振り替えています（詳細は後述）。
※2　資産合計は、前受金を振り替える前の合計の金額です。

■ **未来デザインBS**

（単位:百万円）

未来デザインBS 2014/3				
② 資金運用		91,211	① 資金調達	
その他流動	43,975		短期借入金	0
		23,891	その他流動	67,866
		67,320		
		292,487	剰余金	292,487
売上債権	-1,611	21,289	仕入債務	19,678
在庫	11,496		長期借入金	56,411
固定資産	468,366	-246,456	その他固定	1,934
その他	0		資本金	175,061

【① 資金調達 － ② 資金運用 ＝ 差額（現金預金）】

　「資金調達」から「資金運用」を引いた金額が「現金預金」です。これを、4つのグループに分けることにより、会社の「財務体質」を浮き彫りにしていくことができます。「未来デザインＢＳ」と「未来デザインＣＦ」では、「借入金」の取り扱いが一般とは異なっています。1年以内に返済予定の「長期借入金」は「固定資金」に、「社債」は「流動資金」に分類しています（詳しくは235〜236ページ参照）。

「儲けはどこに消えたのか?」がわかる「未来デザインCF」

　一定期間のお金の出入りを記した「キャッシュフロー計算書（ＣＦ）」は、一般的に「つくりにくい」「わかりにくい」「シミュレーションに使うのが難しい」と言われています。

　しかし、本当に役に立たないのかと言われれば、そんなことはありま

せん。たとえば、オリエンタルランドの2014年3月期の「ＰＬ」を見ると、1年間で利益が622億円発生しているにもかかわらず、現預金はたった48億円しか増加していません。「では、儲けたお金はどこへ消えたのか？」という話になるわけですが、「未来デザインＣＦ」をつくることでそれがわかります。

「未来デザインＣＦ」は3つのステップに分けて作成します。

■ 制度会計のCF（一部）

【キャッシュフロー計算書】 （単位：百万円）

	前連結会計年度 （自 2012年4月1日 至 2013年3月31日)	当連結会計年度 （自 2013年4月1日 至 2014年3月31日)
営業活動によるキャッシュ・フロー		
税金等調整前当期純利益	80,867	112,671
減価償却	36,131	36,934
のれん償却額	－	247
引当金の増減額（△は減少）	△166	△83
退職給付に係る負債の増減額（△は減少）	－	△2,060
受取利息及び受取配当金	△753	△874
支払利息	1,673	1,161
為替差損金（△は益）	19	12
持分法による投資損益（△は益）	△103	△112
社債償還損	249	2,761
売上債権の増減額（△は増加）	△1.270	△1,415
たな卸資産の増減額（△は増加）	△2,652	△373
仕入債務の増減額（△は減少）	3,136	1,987
未払消費税等の増減額（△は減少）	△198	1,289
その他	4,439	2,913
小計	121,372	155,060
利息及び配当金の受取額	755	982
利息の支払額	△1,761	△927
法人税等の支払額	△28,383	△34,440
営業活動によるキャッシュ・フロー	91,982	120,674
投資活動によるキャッシュ・フロー		
定期預金の預入による支出	△94,500	△70,000
定期預金の払戻による収入	95,500	68,000
有価証券の取得による支出	△3,499	－
有価証券の償還による収入	3,499	700
有形固定資産の取得による支出	△23,310	△18,594
有形固定資産の売却による収入	8	19
投資有価証券の取得による支出	△2,751	△690
連結の範囲の変更を伴う子会社株式の取得による支出	△366	－
貸付けによる支出	△17,502	△2
貸付金の回収による収入	196	85
その他	△2,651	△2,874
投資活動によるキャッシュ・フロー	△45,377	△23,356

　詳しくは「未来デザインＣＦ」のつくり方の章で後述しますが、ポイントは次の通りです。

①　前期と当期の「要約されたＢＳ」をつくる
②　「資産の部」と「負債・純資産の部」に分けた前期・当期を「比較するＢＳ」をつくり、それぞれ増減を算出する
③　②の算出結果を「未来デザインＣＦ」に転記して、でき上がり
　（ただし、資産残高の増減は±の符号を逆転させるのがミソ）

　こうして「当期−前期」の増減を出し、それを「未来デザインＣＦ」に転記することで、**お金がどこに使われたか**が一発でわかります。
　これを見れば「キャッシュフロー計算書は役に立たない」などということは、言えなくなるでしょう。

■「未来デザインCF」(作成のプロセス)

(単位：百万円)

1 要約BS

前期BS

BS (BalanceSheet) 2013/3

資産	前残	負債・純資産	前残
現金預金	86,373	短期借入	49,997
売上債権	16,527	仕入債務	18,370
前受金	-14,818	他流動負債	56,746
在庫	10,951	長期借入	71,879
他流動資産	27,559	他固定負債	2,831
固定資産	488,034	資本金等	174,785
繰延資産	0	剰余金	240,018
合計	629,444	合計	629,444

当期BS

BS (BalanceSheet) 2014/3

資産	当残	負債・純資産	当残
現金預金	91,211	短期借入	0
売上債権	17,685	仕入債務	19,678
前受金	-19,296	他流動負債	67,866
在庫	11,496	長期借入	56,411
他流動資産	43,975	他固定負債	1,934
固定資産	468,366	資本金等	175,061
繰延資産	0	剰余金	292,487
合計	632,733	合計	632,733

2 比較BS

資産の部

比較BS (BalanceSheet) 増減

資産	前残	当残	増減
現金預金	86,373	91,211	4,838
売上債権	16,527	17,685	1,158
前受金	-14,818	-19,296	-4,478
在庫	10,951	11,496	545
他流動資産	27,559	43,975	16,416
固定資産	488,034	468,366	-19,668
繰延資産	0	0	0
合計	629,444	632,733	

負債・純資産の部

比較BS (BalanceSheet) 増減

負債・純資産	前残	当残	増減
短期借入	49,997	0	-49,997
仕入債務	18,370	19,678	1,308
他流動負債	56,746	67,866	11,120
長期借入	71,879	56,411	-15,468
他固定負債	2,831	1,934	-897
資本金等	174,785	175,061	276
剰余金	240,018	292,487	52,469
合計	629,444	632,733	

3 未来デザインCF

未来デザインCF

当期利益	62,235	FCF	79,793
償却費等	33,387	短期借入	-49,997
在庫投資	-545	長期借入	-15,468
売上債権	3,320	その他	-9,766
仕入債務	1,308	資本金等	276
その他	-6,193	財務CF	-74,955
営業CF	93,512	C増減	4,838
設備投資	-13,719	C期首残	86,373
投資CF	-13,719	C期末残	91,211

増減を
科目分けの上、
転記して作成

　では早速、第2章から「未来デザイン決算書」をつくりながら、そこから得られる「経営の打ち手」の読み取り方について説明していきます。

　第2章では「未来デザインPL」。

　第3章では「未来デザインPL」のうち、とくに重要なポイントである「利益を出すための売上のつくり方」について。

　第4章では「未来デザインCF」について。

　第5章で「未来デザインBS」についてお話ししていきます。

　第4章で取り上げる「未来デザインCF」をつくるには、「要約されたBS」が必要となります。したがって「CF」のつくり方の前に、「要約されたBS」のつくり方の説明が入ることをご承知おきください。

第 **2** 章

会社が利益体質に
生まれ変わる「決算書」の
使い方

どこに手を打てば利益を出せるか?
〜「未来デザインPL」の使い方〜

PLの「5つの利益」は、どれが一番大切か?

▶5つの利益はどれも大事だが、とくに「儲けの実力」を表す「経常利益」が重要

「制度会計のPL」をつくる意味

　これから「未来デザイン決算書」の具体的なつくり方、活用の仕方を通して、いかに決算書から「経営の打ち手」を見出すかについて解説していきます。

　教材として用いるのは、東京ディズニーランドを運営している株式会社オリエンタルランドの2013年3月期及び2014年3月期の決算書（単体）です（本文中で「現在」とあるのは、2014年3月時点を指します）。

　まず、オリエンタルランドの財産の状態を見ていきましょう。この場合、「ある時点での財産の状態」を表す「貸借対照表（BS）」を使います。なお、以降では説明がわかりやすいように、私の判断で切りのよい数字にし、たとえば「〜億円」という単位などにしております。「BS」の左側（借方）はプラスの財産を表します。2014年3月期のオリエンタルランドの資産（プラスの財産）は6,327億円です。

　右側（貸方）は上部に負債の額が記載されています。金額は1,652億円。さらに右側には「資産−負債＝純資産（正味の財産）」の額も記載されており、この額が4,675億円となっています。

　「BS」で一番重要なのは、この「純資産」の金額です。会社の目的

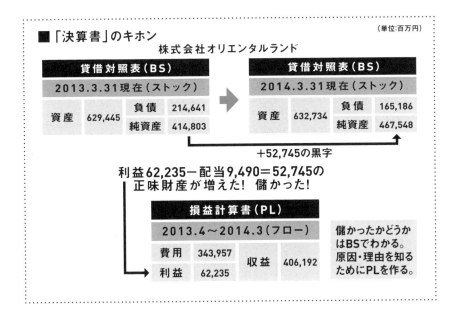

（単位：百万円）

■「決算書」のキホン

株式会社オリエンタルランド

貸借対照表（BS）		
2013.3.31現在（ストック）		
資産	629,445	負債 214,641
		純資産 414,803

→

貸借対照表（BS）		
2014.3.31現在（ストック）		
資産	632,734	負債 165,186
		純資産 467,548

＋52,745の黒字

利益62,235－配当9,490＝52,745の
正味財産が増えた！ 儲かった！

損益計算書（PL）		
2013.4～2014.3（フロー）		
費用	343,957	収益 406,192
利益	62,235	

儲かったかどうか
はBSでわかる。
原因・理由を知る
ためにPLを作る。

は、この金額の最大化と言っても過言ではありません。

　ここで、この1年間で会社の正味財産である「純資産」の額がどれくらい増えたかを見ていきましょう。

　2013年3月期の純資産額は4,148億円です。「4,675億円－4,148億円」で527億円増えたことがわかりました。これは、1年間で527億円儲けたこと、黒字だったことを表してします。

　しかし、これだけでは「なぜ、純資産の額が527億円増えたのか？」という増加の原因や理由まではわかりません。

　その内容を明らかにするために作成されるのが、「損益計算書（PL）」です。**「PL」とは会社の正味財産を増やした取引を「収益」、逆に減らした取引を「費用」と呼び、1つずつ記録して積み上げて累計したものです。**

　オリエンタルランドの場合、正味財産を増やした取引（収益）が1年間で4,062億円ありました。ここから正味財産を減らした取引（費用）の

額3,440億円を差し引くと、差額は622億円です。この利益の金額が、「純資産」の増加の要因です。しかし、「BS」に記載された「純資産」の増加の額は527億円だったため、これでは95億円の開きがあります。では、この95億円はどこに消えたのでしょうか？

答えは「配当」です。オリエンタルランドは上場会社なので、利益の一部を配当として株主に還元しています。配当については「BS」や「PL」などとは別の「株主資本等変動計算書（難しくなるので、本書では詳細の説明を省きます)」という決算書に記載することになっています。

この配当により、「PL」には配当をする前の利益の額622億円が、「BS」には配当した後の正味財産額527億円の増加がそれぞれ反映されており、両者の金額に95億円の差があるというわけです。

では今一度、「BS」と「PL」の違いを確認しておきましょう。

BS　→　ある一定時点の財産の残高が記載されている表
PL　→　ある一定期間の取引の累計額が記載されている表

この違いを意識するだけでも、決算書は単なる数字の羅列ではなく、意味のある理解しやすいものになります。

「収益」と「費用」を5つにグルーピング

オリエンタルランドの例では、2013年から2014年の1年間の収益が4,062億円、費用が3,440億円でした。しかし、この数字だけではあまりに大ざっぱ過ぎて、何がどうなってそれだけの収益が得られたのか、そこにどれだけの費用がかかったのかがわかりません。そこで「制度会計」では、「収益」と「費用」を5つにグルーピングしています。

A 売上とその売上を生むために直接かかった原価

   （売上から売上原価を引くと「売上総利益」）

B 販売費および一般管理費

   （**A**からこれを引くと「営業利益」）

C 営業外収益および営業外費用

   （**B**にこれを足し引きすると「経常利益」）

D 特別利益および特別損失

   （**C**にこれを足し引きすると「税引前利益」）

E 法人税等

   （**D**からこれを引くと「当期純利益」）

　つまり、利益には、①**売上総利益**（表では、総利）、②**営業利益**（表では、営利）、③**経常利益**（表では、経利）、④**税引前利益**（表では、前利）、⑤**当期純利益**（表では、利益）の５種類があるということです。

■ オリエンタルランドの「PL」を5つにグルーピング

（単位:百万円）

PL	Profit&Loss st.			2013/3〜2014/3	
売上	402,506	原価	289,116	①総利	113,389
		販管	14,185	②営利	99,204
外収	3,686	外費	4,258	③経利	98,632
特利	0	特損	0	④前利	98,632
		税金	36,397	⑤利益	62,235
収益	406,192	費用	343,956	利益	62,235

　これが実際のオリエンタルランドの「PL」です。「PL」には、この1年間のすべての収益と費用が記載されています。

　では、数字を確認していきましょう。

　まず収益の大部分は売上が占めており、4,025億円あります。ここから売上原価を引いた**「売上総利益（総利①）」**が1,134億円計上されています。

　そこから「販売・管理費」の142億円を引いたのが、**「営業利益（営利②）」**で992億円です。

　次に「営業外収益」を加え、「営業外費用」を控除して求められる**「経常利益（総利③）」**が986億円です。

　さらに、「特別利益」と「特別損失」を加減していきますが、この1年間、オリエンタルランドでは発生していないので、ここでは加減されることなく**「税引前利益（前利④）」**の986億円が計上されています。

　最後に、「法人税等」の364億円を控除した後の**「当期純利益（利益⑤）」**は622億円という結果になりました。

「5つの利益」が意味するもの

　これらの5つの利益のうち、最も大事な利益はどれだと思いますか？

　じつは正解はありません。というのも決算書には、会社の経営者、お客様、取引先、金融機関、税務署、従業員、今からそこの会社で働こうと思っている人など異なる多くの「読者」がいます。それぞれ立場や関心が異なる読者によって、5つにグルーピングされた利益のうち、どれを重要視するかは、読者ごとにそれぞれで考えが異なるからです。

では、5つの利益の持つそれぞれの性質を見ていきましょう。

1　売上総利益

　売上総利益は、会社の【販売成績】を表しています。また、「会社が生んだ付加価値」と言うこともできます。

　会社の販売成績に関心のある人であれば、まずはこの「売上総利益」に注目するでしょう。

2　営業利益

「営業利益」は文字通り会社の営業による収益、すなわち【本業での儲け】を表しています。

　たとえば営業部長であれば、ここに一番関心があるのではないでしょうか。

3　経常利益

「経常利益」は、会社の【儲けの実力】を表しています。「営業利益」との違いは、本業での儲けではないものの、**毎期、経常的に発生する収益と費用を加味した利益**であることです。預金や投資に対する受取利息や受取配当金、賃貸収入などの雑収入などが「営業外収益」として加えられ、借入金の支払利息などは「営業外費用」として差し引かれます。これらを足し引きしたのが「経常利益」です。

「けいつね」とも呼ばれる「経常利益」は、「会社の儲けの実力」がわかるため、一般的には5つの利益の中で最も注目されることが多いです。

4　税引前利益

「税引前利益」は【節税にダイレクトに関わる利益】です。ここに法人税、住民税、事業税などの実効税率を掛けて税金の金額が求められるので、否応なく意識せざるを得ないという側面はたしかにあるでしょう。

　節税に関心のある中小企業の経営者にとっては、ある意味、無意識レベルで反応してしまう最も関心のある利益と言えます。

5　当期純利益

　税金を引いた後の最終的な利益である「当期純利益」は、【1年間でどれだけ稼いだかを知ることのできる利益】です。タイムラグはありますが、必ず「それだけのお金が入ってくる」ことを表すものであり、最終的に【内部留保されていくお金】です。

　会社の目的は、この「内部留保」を増やしていくことにあるので、「当期純利益」に関心がある人は多いはずです。

　読者によって5つの利益のうち関心を寄せる部分は異なるわけですが、これから一緒に学んでいく「未来会計」においては「経常利益」に最も注目していくことになります。

　というのも、「未来会計」とは、どうすればもっと儲かるか、利益を出していくことができるかを考えていくためのものだからです。その観点からすれば、「経常利益」が示すところの会社の【儲けの実力】を分析し、「儲けの構造」を浮き彫りにしていくことが非常に重要なのです。

■「損益計算書」で最も大事な利益は?

①売上総利益	会社の 販売成績	➡会社の生んだ付加価値
②営業利益	会社の 本業での儲け	➡営業成績
③経常利益	会社の 儲けの実力 未来会計で最も注目!	➡経営活動で得られた利益
④税引前利益	税金を引く前の利益	➡ 節税 を考えるとき
⑤当期純利益	税金を引いた 最終的な利益	➡ 内部留保

どの利益も大事（読者の立場・関心で異なる）

「制度会計のPL」と「未来デザインPL」の違い

▶「変動費」と「固定費」で「儲けの構造」が見えてくる

経費は【変動費】と【固定費】に分解

「未来デザインPL」では、経費のとらえ方が「制度会計のPL」とは異なっています。

「制度会計のPL」では、経常利益の算出までに経費を「売上原価」「販売・一般管理費」「営業外費用」のように3つにグルーピングして区分しますが、「未来会計PL」では次の2つに区分します。

1　売上に比例して発生する費用……【変動費】
2　売上の多寡に関係なく発生する費用……【固定費】

売上が0なら発生しない【変動費】に対して、まったく売上がなくても発生する経費が【固定費】です。言い方を変えると、【固定費】とは時間（期間）に比例して発生する費用です。

では、その内訳を見ていきましょう。

【変動費】　商品仕入・材料仕入・外注費のみに限定
【固定費】　製造固定費（人件費・経費）、販売費・一般管理費、営業外費用

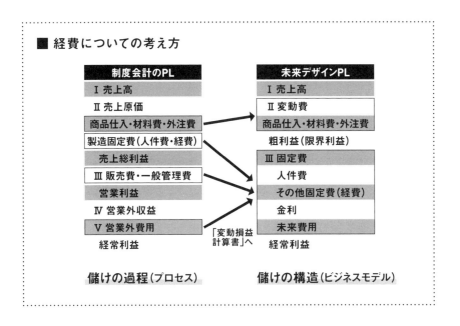

■ 経費についての考え方

制度会計のPL
- Ⅰ 売上高
- Ⅱ 売上原価
- 商品仕入・材料費・外注費
- 製造固定費(人件費・経費)
- 売上総利益
- Ⅲ 販売費・一般管理費
- 営業利益
- Ⅳ 営業外収益
- Ⅴ 営業外費用
- 経常利益

儲けの過程(プロセス)

「変動損益計算書」へ

未来デザインPL
- Ⅰ 売上高
- Ⅱ 変動費
- 商品仕入・材料費・外注費
- 粗利益(限界利益)
- Ⅲ 固定費
- 人件費
- その他固定費(経費)
- 金利
- 未来費用
- 経常利益

儲けの構造(ビジネスモデル)

「未来デザインPL」だと「儲けの構造」がわかる

「制度会計のPL」は、

　　売上高 − 売上原価 = 売上総利益
　　　　↓
　　売上総利益 − 販売費・一般管理費 = 営業利益
　　　　↓
　　営業利益 + 営業外収益 − 営業外費用 = 経常利益

というふうに「儲けの過程（プロセス）」を表しているに過ぎません。

　これに対して「未来デザインPL」では、経費を変動費と固定費に分けることによって、「PL」自体の形が変わります。

売上高−変動費＝粗利益（限界利益）
↓
粗利益−固定費＝経常利益

この計算式は、一般的に「**変動損益計算書（ＰＬ）**」と呼ばれています。

これをさらにイメージをつかみやすくするために、チャート（図表）化したのが次の図です。

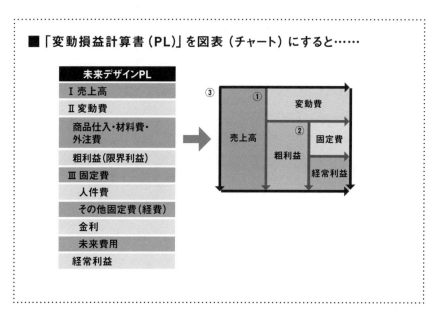

■「変動損益計算書（PL）」を図表（チャート）にすると……

このようにチャート化することによって、「制度会計のＰＬ」では収益と費用についてバラバラに存在しているかのように見え、それぞれの関係性がわかりにくかったのが、それぞれ密接な相関関係を持ち、分かち難く結びついていることがひと目でわかります。この相関図こそが「儲けの構造」、いわゆる「ビジネスモデル」なのです。

ちなみに、この図は私のオリジナルではありません。「STRAC図」や

「未来会計図表」など、さまざまな名前で呼ばれており、最初に考案したのは『新・人事屋が書いた経理の本』（ソーテック社）の著者である西順一郎氏と言われています。私は、この図を「**未来デザインＰＬ**」と呼んでいます。

「トトロの図」をマスターしよう

　私は、この図をクライアントに説明するときには、カタカナの「ト」と「ト」と「ロ」の文字のように見えることから「**トトロの図**」とも呼んでいます。

　実際には、この順だと書きにくいので「ロトト」の順になるかと思いますが、「トトロの図」と言えば覚えやすいので、クライアントには好評です。

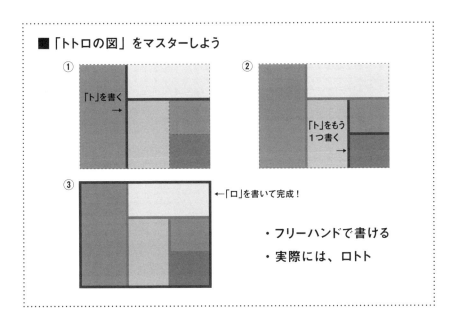

■「トトロの図」をマスターしよう

① 「ト」を書く →

② 「ト」をもう1つ書く →

③ ←「ロ」を書いて完成！

・フリーハンドで書ける
・実際には、ロトト

「トトロの図」にすれば、「儲けの構造」は一目瞭然

▶「損益計算書」から3つの数字を拾うだけ
▶簡単な足し算・引き算でトトロの図が完成する

「損益計算書（PL）」から数字をピックアップする

　では、実際に「トトロの図」をつくってみましょう。

　ここではオリエンタルランドの実際の「損益計算書（及び売上原価明細書）」から必要な数字を拾って、次の順で作成していきます。

【つくり方の手順】
　次の3つの数字を拾っていきます。
　①売上高
　②変動費
　③経常利益

　このうち①「売上高」と③「経常利益」は、「損益計算書」に記載されている数字をそのまま転記します。

　②「変動費」は、オリエンタルランドの場合、要約された「損益計算書」だけでは内訳がわからないので、「売上原価明細書」をあわせて見ていきます。

　オリエンタルランドの場合、外注費はないので、商品仕入（商品売上

原価）と材料仕入（材料費）が「変動費」となります。このとき、期首と期末の在庫（たな卸資産）を加味して実際に製造や販売されたものを「変動費」としていきます。

　商品仕入（62,854M）＋商品期首たな卸高（7,167M）−商品期末たな卸高（7,106M）＝商品売上原価（62,916M）

　材料仕入（20,922M）＋材料期首たな卸高（427M）−材料期末たな卸高（559M）＝材料費（20,790M）

　商品売上原価（62,916 M）＋材料費（20,790 M）＝変動費（83,706 M）となります。

■ オリエンタルランドの「損益計算書（PL）」

（単位：百万円）

	前事業年度 （自 2012年4月1日 至 2013年3月31日）	当事業年度 （自 2013年4月1日 至 2014年3月31日）	
売上高	341,327	402,506	…①
売上原価	256,959	289,116	
売上総利益	84,367	113,389	
一般管理費	13,612	14,185	
営業利益	70,755	99,204	
営業外収益			
受取利息及び配当金	3,761	2,134	
雑収入	912	1,551	
営業外収益合計	4,673	3,686	
営業外費用			
支払利息	698	509	
社債利息	944	614	
社債償還損	249	2,761	
雑支出	410	373	
営業外費用合計	2,302	4,258	
経常利益	73,126	98,632	…③
税引前当期純利益	73,126	98,632	
法人税、住民税及び事業税	25,770	35,473	
法人税等調整額	△243	923	
当期純利益	47,599	62,235	

①売上高と③経常利益は、そのまま転記

■ オリエンタルランドの「変動費」

売上原価明細書　　　　　　　　　　　　　　　　　　　　　（単位：百万円）

区分	注記番号	前事業年度 （自　2012年4月1日 至　2013年3月31日）金額	構成比（%）	当事業年度 （自　2013年4月1日 至　2014年3月31日）金額	構成比（%）
1. 商品売上原価					
商品期首たな卸高		5,022		7,167	
当期商品仕入高		52,747		62,854	
小計		57,770		70,022	
商品期末たな卸高		7,167		7,106	
		50,602	19.7	62,916	21.8
2. 飲食売上原価					
材料費					
材料期首たな卸高		388		427	
当期材料仕入高		16,912		20,922	
小計		17,301		21,349	
材料期末たな卸高		427		559	
		16,874		20,790	

変動費83,706＝62,916＋20,790
変動費は、仕入と外注費（ただし、売れた分だけ!）

　この 3 つの数字をトトロの図に記入し、さらに次の 2 つを算出してそれぞれ記入します。

・①売上高−②変動費　で　「粗利益（限界利益）」
・「粗利益（限界利益）」−③経常利益　で　「固定費」

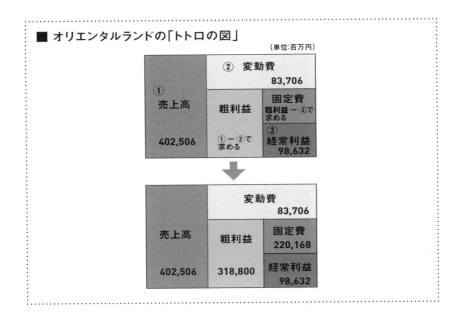

■ オリエンタルランドの「トトロの図」

(単位:百万円)

① 売上高 402,506

② 変動費 83,706

粗利益 ①ー②で求める

固定費 粗利益ー③で求める

③ 経常利益 98,632

↓

売上高 402,506

変動費 83,706

粗利益 318,800

固定費 220,168

経常利益 98,632

　これでオリエンタルランドの「トトロの図」のベースができました。

　ポイントは固定費を集計するのではなく、差額で求めることです。そのほうが圧倒的に時間を短縮して効率的です。

比率を算出して 「儲けの構造」を 浮き彫りにする

▶「4つの比率」を求めることで「どうやって儲けているか」が
丸わかりになる

「儲けの構造」を浮き彫りにする4つの比率

「トトロの図」に実際の数字を記入したことで、オリエンタルランドの
収益と費用がひと目でわかるようになりました。

　しかし、これだけではまだオリエンタルランドの「儲けの構造」は明
らかになっていません。それを浮き彫りにするために、それぞれの収益
と費用の相関関係を比率で見ていきましょう。

　ここで求めるのは、次の4つの比率です。

　①変動費率
　②粗利益率
　③損益分岐点比率
　④経営安全率

変動費率

「変動費率」とは、売上高に占める変動費の割合を言います。次の式で
求めることができます。

変動費率（%）＝変動費÷売上高×100

オリエンタルランドの場合は、次のようになります。

変動費（83,706M）÷売上高（402,506M）＝20.8%

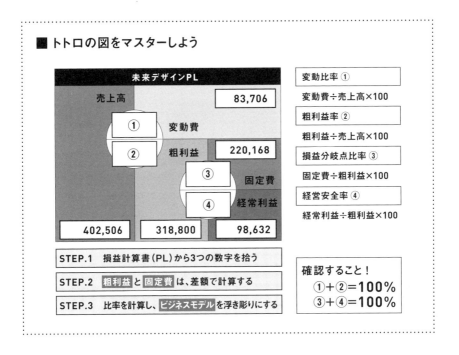

粗利益率

売上高に占める粗利益の割合で、次の式で求めます。

粗利益率（%）＝粗利益÷売上高×100

オリエンタルランドの場合は、こうなります。

粗利益（318,800M）÷売上高（402,506M）＝ 79.2%

ここで意識していただきたいのが、「売上高」が「変動費」と「粗利益」に分解されているということです。

「変動費率（20.8％）」と「粗利益率（79.2％）」を足したときに、必ず100％になることを確認してください。

損益分岐点比率

「損益分岐点」とは、損益がトントンになるとき、つまり利益が0円になるときです。次の図で言えば、固定費と粗利益が交わったところが損益分岐点です。

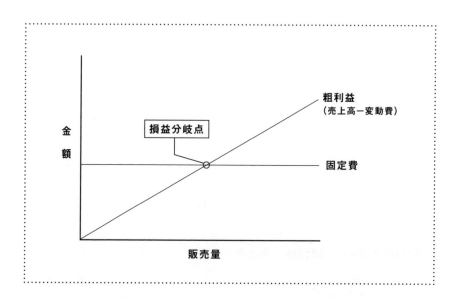

「損益分岐点」より粗利益が下回ったら赤字、上回ったら黒字、ぴったりであれば損失も出ていないが利益も出ていない状態ということになります。

　一般的に、「損益分岐点」の数値を求める計算式は、次のように書かれています。

損益分岐点＝固定費÷限界利益

「限界利益とは何ぞや？」と疑問を持たれる方もいるでしょう。「限界利益」は「売上高−変動費」で求められるので、「未来デザインＰＬ」で言うところの「粗利益」ということになります。
「損益分岐点比率」は、次の計算式で求めることができます。

損益分岐点比率（％）＝固定費÷粗利益×100
※「粗利益」は一般的には「限界利益」と呼ばれます。

「未来デザインＰＬ」をつくったことで、固定費も粗利益もすでに数字になって見えているため、簡単にさっくりと出すことができます。

　では、オリエンタルランドの「損益分岐点比率」を計算してみましょう。

固定費（220,168M）÷粗利益（318,800M）×100＝69.1%

ということがわかりました。

「必達の売上高」を求めるには？

　会社の経営で大切なのは、「**どれくらいの売上を上げれば黒字になるのか**」を知っておくことです。この黒字と赤字の分岐点＝利益が0円になるときの売上高を「**損益分岐点売上高**」と言います。

　売上高がこれを上回っていれば利益が出て、下回っていれば損失が生じるというもので、「**必ずこの売上高は達成しなければいけない＝必達の売上高**」であり、経営上、大変重要な指標です。

　ところが、この数字は「制度会計の決算書」のどこにも出てきません。費用を「変動費」と「固定費」に分解するという「未来会計」の考え方をしない限り、決して算出することのできない数字なのです。「未来デザインＰＬ」をつくることは非常に意義のあることだと言えます。

　「未来デザインＰＬ」を活用して、オリエンタルランドの「損益分岐点売上高」を計算していきましょう。

　「損益分岐点売上高」の求め方には、2つのパターンあります。

【パターン1】現在の売上高に、「損益分岐点比率」を掛けて算出する方法

　損益分岐点売上高＝現在の売上高×損益分岐点比率

　オリエンタルランドの場合だと、

　現在の売上高（402,506M）× 69.1% = 278,132M

　約2,780億円となります。

【パターン2】経常利益0円から逆算して求める方法

損益分岐点売上高＝固定費（＝粗利益）÷粗利益率
※経常利益が0円なので、固定費は粗利益と同額になる

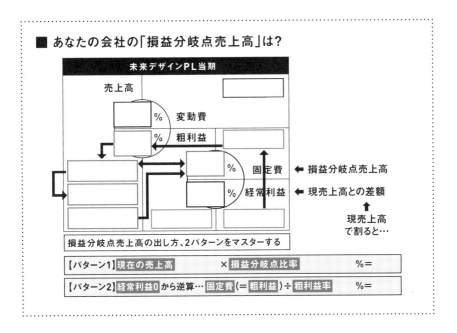

■ あなたの会社の「損益分岐点売上高」は？

未来デザインPL当期

売上高

% 変動費

% 粗利益

% 固定費　← 損益分岐点売上高

% 経常利益　← 現売上高との差額

現売上高
で割ると…

損益分岐点売上高の出し方、2パターンをマスターする

【パターン1】現在の売上高 × 損益分岐点比率 ％＝

【パターン2】経常利益0から逆算… 固定費（＝粗利益）÷粗利益率 ％＝

オリエンタルランドの場合だと、

固定費（＝粗利益＝220,168 M）÷ 79.2% ＝ 277,990 M

こちらも約2,780億円となります。

　多少の差額はありますが、いずれも約2,780億円という結果になりました。

オリエンタルランドでは約4,000億円の売上があり、「損益分岐点売上高（＝必ず達成しなければいけない売上高）」が約2,780億円であることがわかりました。

「未来会計」では、このように数字をざっくりとつかまえることが大事なのです。

経営者にとって「必達の売上高」を知ることは、非常に重要なことです。みなさんもぜひ「未来デザインＰＬ」をつくり、自社の必達の売上高を算出してみてください。

経営安全率

「経営安全率」とは、「粗利益」が「固定費」をどれくらい上回っているかを表す比率のことで、**「会社の収益性（採算性）」を測る指標**の１つです。別名「経営余裕率」とも言います。会社の赤字に対する抵抗力を見て、その企業の経営の収益性を判断する最も重要な指標です。

「経営安全率」は、「経常利益」に対する「粗利益」の割合で見ていきます。「経営安全率」は、次の計算式で求めることができます。

経営安全率（％）＝経常利益÷粗利益×100

オリエンタルランドの場合は、次のようになります。

経常利益（98,632M）÷粗利益（318,800M）＝30.9%

「経常利益」が「粗利益」に対して大きければ大きいほど、「経営安全率」は高くなります。これは、すなわち**「赤字に陥るまでの余裕が大き**

くなること」を表しています。

「固定費」と「経常利益」は、「粗利益」を分解した数字ですので、「損益分岐点比率（69.1%）」と「経営安全率（30.9%）」も、足すと必ず100%になることを確認してください。

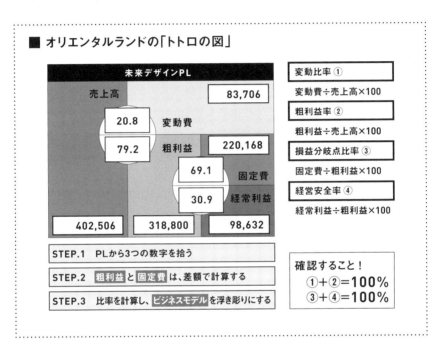

■ オリエンタルランドの「トトロの図」

ちなみに、「経常利益」がマイナス、すなわち赤字の場合は「経営安全率」がマイナスの％になります。その場合は、「損益分岐点比率」が100%を超えるため、足すとやはり100%になります。

マイナスとなる「経営安全率」の数字の意味は、**現在の売上高にその比率の分だけ売上が足りないこと**を示しています。

オリエンタルランドの「儲けの構造」

すべての数字が出そろったので、「トトロの図」に記入していきます。これで必要な金額、比率が全部埋まったオリエンタルランドの「トトロの図」が完成しました。こうして「儲けの構造」が浮き彫りになります。

売上高の枠の中の上に277,977とあるのが「損益分岐点売上高」です。「損益分岐点比率」を端数処理しないで厳密に計算したものです。さきほどの2つの計算式で算出した金額と同様に、約2,780億円と数字を塊でつかんでください。

まず、現在の売上高との乖離が気になるところです。現在の売上高と「損益分岐点売上高」の差額を求めてみましょう。

$$402,506\,\mathrm{M} - 277,977\,\mathrm{M} = 124,529\,\mathrm{M}$$

現在の売上高から約1,200億円落ちなければ、赤字には転落しないことがわかります。では、現在の売上高と比べて、どれくらいのインパクトがあるのでしょう。現在の売上高で割ってみます。

$$124,529\,\mathrm{M} \div 402,506\,\mathrm{M} \times 100 = 30.9\%$$

現在の売上高から、約3割減少したときに初めて赤字に転落してしまうことになります。その会社の社長でなければ、どれくらい余裕なのかの感覚はわからないかもしれませんが、長年、多くの会社の数字を分析してきた私から見ると、かなり余裕があると思います。

じつは、この比率は「経常利益÷粗利益×100」で算出した「経営安

全率」と同じ数字になりました。これは偶然ではありません。

　オリエンタルランドは30.9%の「経営安全率」という「儲けの構造」、すなわち「ビジネスモデル」でもって、日々商売をしているということになります。

　ここまで見てきたように、「未来デザインＰＬ」では「制度会計のＰＬ」では絶対にわからない「損益分岐点」と「経営安全率」がわかります。これが「未来デザインＰＬ」をつくる大きなメリットと言えます。

　最終的に注目すべきは「経営安全率」です。これこそが**「ビジネスモデル」を端的に表している数値**となります。

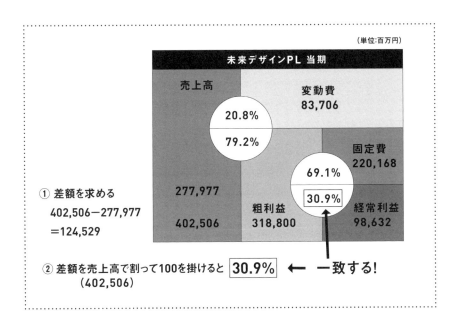

「経営安全率」で見る会社の採算

「経営安全率」は会社の収益力を端的に示しているので、私は会社（社長）の格付けに活用して、Ｓ〜Ｄまでの５つのランクに分けています。「未来デザインＰＬ」からオリエンタルランドの場合は30.9%なので、ランクはＡ。優良企業に分類されます。「経営安全率」を算出し、あなたの会社の格付けを確認してみてください。

■「経営安全率」で見る会社の採算

社長の格付け			
評価	経営安全率	社長の未来	使命
S	40%〜	超優良企業 いかに次期社長に渡すか	事業承継
A	〜40%	優良企業 社長がいなくても会社が回る仕組みづくり	クレド経営
B	〜20%	普通企業　全社員で利益を出す！ 社長が決定・社員が実行の仕組みづくり	予実管理
C	0〜10%	損益分岐点企業　もっと儲かるBMを 油断不可　社長は社長業に専念	経営計画
D	マイナス	赤字企業　大至急BMの再構築が できなければ社長交代！	売上拡大

(注：BM＝ビジネスモデル)

5

「利益」を2倍にするための「売上高」シミュレーション

▶「儲けの構造」を理解すれば、自由自在なシミュレーションが可能になる

「利益」が2倍になるときの「売上高」を算出してみよう

「未来デザインPL」をつくって自社の「儲けの構造」がわかると、さまざまなシミュレーションができるようになります。

たとえば、オリエンタルランドの数字をもとに、「経常利益が2倍になるときの売上高」を計算してみましょう。

【算出の方法】

①　求めたい「経常利益」＋「固定費」の合算額（＝粗利益の額）を算出する

②　①で算出した「粗利益」の額を、「粗利益率」（79.2%）で割り戻す

では、計算してみましょう。

- 経常利益の額　　　　　　98,632 M × 2倍 = 197,264 M
- 固定費（変わらないものとする）　　　　　　220,168 M

この2つの金額を合算して「粗利益」の額を算出します。

$$197,264\,\mathrm{M} + 220,168\,\mathrm{M} = 417,432\,\mathrm{M}$$

これを粗利益率79.2％で割り戻すと、

$$417,432\,\mathrm{M} \div 0.792 = 527,060\,\mathrm{M}$$

経常利益が2倍になるときの売上高は527,060 M（5,270億円）ということがわかりました。

これが現在の売上高と比べてどれくらい多いかというと、

$$527,060\,\mathrm{M} - 402,506\,\mathrm{M} = 124,554\,\mathrm{M}$$

となり、1,245億円の売上増ということになります。

パーセンテージにすると、次のようになります。

$$124,554\,\mathrm{M} \div 402,506\,\mathrm{M} = 0.309$$

0.309＝約31％。つまり、**現在の売上高の31％増になると、「経常利益」が2倍になること**が、このシミュレーションによってわかりました。

ここからわかるのは、利益を2倍にするのに、売上を2倍にする必要はないということです。

「売上高」が2倍になると「利益」はいくらになるか？

では次に、「売上高」が2倍になると「経常利益」はどれくらい増え

るのかをシミュレーションしてみましょう。

【算出の方法】
　①（売上高 × 2）× **79.2%**　で「粗利益」の金額を出します
　②「固定費」は変わらないものとして、「粗利益」の金額から引けば、
　　「経常利益」が算出できます

実際に計算してみましょう。

- 売上高　　　　402,506 M × 2 = 805,012 M
- 粗利益の額　　805,012 M × 0.792 = 637,569 M
- 固定費を引く　637,569 M − 220,168 M = 417,401 M

現在の「経常利益」と比較すると、次のようになります。

417,401 M ÷ 98,632 M = 4.2

「売上高」が 2 倍になれば、「経常利益」は現在の 4.2 倍になることが
このシミュレーションでわかりました。

　もっとも、「売上高」が 2 倍になるとき、「固定費」が今とまったく同
じということは考えにくいのは事実です。
　しかし、シミュレーションする場合は、あえて他の値を変えず、「儲
けの構造」が変わらないことを前提にして、1 つだけ数字を変えてある
程度の「幅」で見ていくようにするのがコツです。このやり方で自由自
在にシミュレーションができますので、ぜひ試してみてください。

6 「粗利益」を最大化することを目指す

▶「経常利益」は、「粗利益」と「固定費」のせめぎ合いから生まれる
▶黒字化の第一法則

「粗利益」と「固定費」の勝負

「トトロの図」を理解して「儲けの構造」がわかってくると、最終的に「経常利益」を出すには、「粗利益」と「固定費」の絶対額の勝負であることがわかってきます。

「固定費」は、売上には比例しない費用です。たとえばオリエンタルランドであれば1年間で約2,200億円の「固定費」が掛かります。これを超える「粗利益」を稼ぐことができれば「経常利益」は黒字となり、「粗利益」がそれに達しなければ赤字となります。

「粗利益の絶対額」と「固定費の絶対額」の勝負。これこそが事業経営ということがおわかりいただけることでしょう。

　利益を出すには、「粗利益」を最大化することがとても重要です。私は、これを「黒字化の第一法則」と呼んでいます。

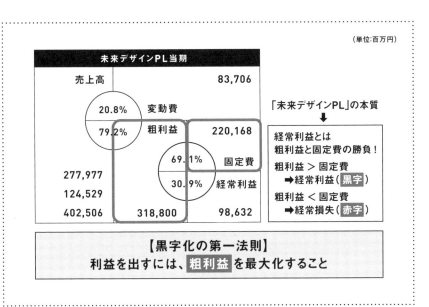

（単位:百万円）

未来デザインPL当期	
売上高	83,706

20.8% 変動費

79.2% 粗利益　　　220,168

69.1%　固定費

30.9%　経常利益

277,977
124,529
402,506　　318,800　　98,632

「未来デザインPL」の本質
↓
経常利益とは
粗利益と固定費の勝負！
粗利益 ＞ 固定費
➡経常利益（黒字）
粗利益 ＜ 固定費
➡経常損失（赤字）

【黒字化の第一法則】
利益を出すには、粗利益 を最大化すること

利益は「逆算」して考える

▶「制度会計のPL」の利益は、結果
▶「未来デザインPL」の利益は、会社存続のための経費

「経常利益」は会社を存続させるための必要経費

「制度会計のＰＬ」は「儲けのプロセス」を表すものです。たとえば、「売上から原価を引いたら、売上総利益になった」「売上総利益から販売管理費を引いたら、営業利益になった」という発想のもとにつくられています。

しかし「未来会計」は、「逆算の発想」をします。「○○の結果、□□になった」ではなく、「□□を実現したいから、○○の売上を目指す」という発想になります。

別の言い方をすれば、「制度会計」においては「利益＝残ったもの、余ったもの」ですが、**「未来会計」においては「利益＝そこから必達の売上高を逆算するためのもの」**ということです。

発想が異なると、利益のとらえ方が大きく違ってきます。「制度会計」のようにプロセスで考えていると、具体的な利益目標が想定しにくいのです。なぜなら利益は残ったもの、余ったものなので「出たら出ただけいい」ということになってしまいます。これを**「最大限利益」**と呼んでいます。

一方、「未来会計」の場合、**会社には事業存続のために必達の利益目標がある**と考えます。このときの利益とは、じつは**事業を存続させるための「最小限利益」**ということになります。最小限これだけ稼がないとこの会社は存続できない、発展していかない、「絶対に達成しなければいけない利益」ということです。

　そして、**「経常利益」は決して残ったものでも余ったものでもない、会社が生き残っていくための「必要経費」**なのだ、という考え方です。

　言葉だけ見ると「最大限利益」のほうがイメージはいいですが、経営者として目指すべきは「最小限利益」なのです。

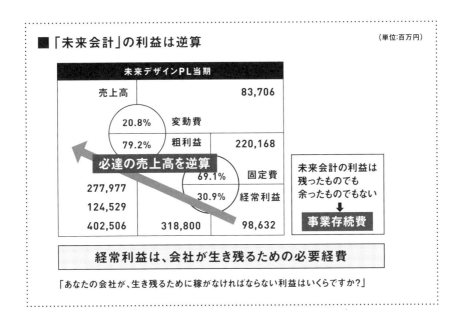

■「未来会計」の利益は逆算　　　　　　　　　　　　　（単位:百万円）

未来デザインPL 当期		
売上高		83,706
20.8%	変動費	
79.2%	粗利益	220,168
必達の売上高を逆算	69.1%	固定費
277,977	30.9%	経常利益
124,529		
402,506	318,800	98,632

未来会計の利益は
残ったものでも
余ったものでもない
↓
事業存続費

経常利益は、会社が生き残るための必要経費

「あなたの会社が、生き残るために稼がなければならない利益はいくらですか?」

「最小限利益」の適正値とは？

▶目指すべきは「最大限利益」よりも「最小限利益」
▶じつは達成できてない中小企業がほとんど

「最小限利益」を出せている中小企業は少ない

　では、「目標利益を最小限利益とする」と言っても、どのくらいを目安にしていいのかわからない、という人も多いのではないでしょうか。

　じつは、これには唯一絶対の正解があるわけではありません。そこで、私なりの「最小限利益」の適正値の考え方について2つの例を紹介しましょう。

　まず1つ目が、**「社員1人当たりの経常利益」**という考え方です。基本的には社長の望む金額でいいと思うのですが、たとえば「社員1人当たり100万円」だとどうでしょうか。中小企業で社員が10人いたら、「経常利益」は「10人×100万円＝1,000万円」ということになります。

　実際にそれだけの利益が出せている会社は多くはないでしょう。この目標値は意外にハードルが高いのではないかと思います。

　もう1つは、もし借入金があるのであれば、**「借入金の返済に必要な額から目標利益を逆算すること」**です。

　これもハードルが高いのではないかと私は思っています。というのも

統計的に、中小企業の7〜8割が赤字と言われています。これはつまり、「利益を出して確実に借金を返していけている会社は少ない」ということを意味しています。

　中小企業の社長には「利益は出れば出るだけいい」と思っている方が多いですが、じつのところ会社を存続するための「最小限利益」さえ稼げていないという現実がここにあります。
　自らの事業を振り返ってみたとき、事業存続費としての「最小限利益」は、今出している利益よりも高いハードルであることに気づくでしょう。
　目指すべきは、「最小限利益」であること。そして今、それを自社で達成できているかどうか、ぜひ確認してみてください。

9 「固定費」のブレイクダウンでビジネスモデルを深掘りする

▶「固定費」を4つに分解すれば、それぞれの打つ手が見えてくる

「固定費」は4つに分解する

　どうすれば会社は、利益をもっと上げることができるのかについて考えていきましょう。まず「どこに手を打てば利益を出せるのか」を考えるべく、**「固定費」を4つに分解**して詳しく見ていきます。

　「なぜ、固定費を4つに分解するのですか？」とよく質問されます。**4つの分類は経営の4資源と言われる「ヒト、モノ、カネ、情報」にそれぞれ該当しています。**

　一般的に「固定費は削減」と言われますが、何もかも一緒くたに下げればいいというものではありません。つまり、**ひと口に「固定費」と言っても、下げればいいものと、あえて上げていったほうがいいものがあり、それぞれ「経営の打ち手」が異なります。**そのために「未来デザインPL」では、「固定費」をこの4つに分解して見ていくようにしているのです。

　こうすることで、どこにどういう手を打っていくかが、明確になるというメリットがあります。

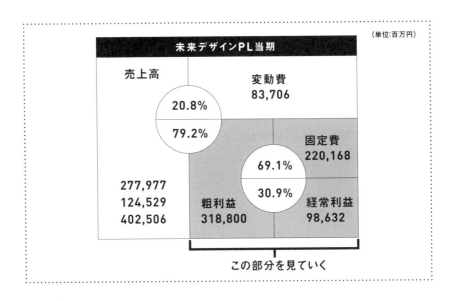

未来デザインPL当期

（単位：百万円）

売上高	変動費 83,706
20.8%	
79.2%	固定費 220,168
	69.1%
277,977 124,529 402,506	30.9%
粗利益 318,800	経常利益 98,632

この部分を見ていく

「粗利益」「固定費」「経常利益」の部分に着目して、新たにマトリクスを作成していきます。

■「固定費」は4つに分解する

（単位：百万円）

未来デザインPL当期

⑤

⑥　人件費　経費

粗利益　金利　未来費用

経常利益

318,800　　　　98,632

労働分配率（％）

人件費÷粗利益×100

労働生産性（倍）

粗利益÷人件費

STEP.1　PLからさらに、3つの数字を拾う

STEP.2　経費は、差額で計算する

STEP.3　比率を計算し、ビジネスモデルを浮き彫りにする

※金利＝営業外費用－営業外収益

　オリエンタルランドの「ＰＬ」①〜③から、次の「人件費」「金利」「未来費用（詳しくは後述）」の３つの数字を拾い、残る「経費」については、「固定費総額220,168Ｍ−（人件費＋金利＋未来費用）」で算出します。

■ オリエンタルランドの「PL①」

【損益計算書】 (単位:百万円)

	前事業年度 (自 2012年4月1日 至 2013年3月31日)	当事業年度 (自 2013年4月1日 至 2014年3月31日)
売上高	341,327	402,506
売上原価	256,959	289,116
売上総利益	84,367	113,389
一般管理費	13,612	14,185
営業利益	70,755	99,204
営業外収益		
受取利息及び配当金	3,761	2,134
雑収入	912	1,551
営業外収益合計	4,673	3,686
営業外費用		
支払利息	698	509
社債利息	944	614
社債償還損	249	2,761
雑支出	410	373
営業外費用合計	2,302	4,258
経常利益	73,126	98,632
税引前当期純利益	73,126	98,632
法人税、住民税及び事業税	25,770	35,473
法人税等調整額	△243	923
当期純利益	47,599	62,235

差額
＝
金利

■ オリエンタルランドの「PL②」

売上原価明細書

(単位：百万円)

区分	注記番号	前事業年度 (自 2012年4月1日 至 2013年3月31日) 金額	構成比(%)	当事業年度 (自 2013年4月1日 至 2014年3月31日) 金額	構成比(%)	
1. 商品売上原価						
商品期首たな卸高		5,022		7,167		
当期商品仕入高		52,747		62,854		
小計		57,770		70,022		
商品期末たな卸高		7,167		7,106		
		50,602	19.7	62,916	21.8	
2. 飲食売上原価						
材料費						
材料期首たな卸高		388		427		
当期材料仕入高		16,912		20,922		
小計		17,301		21,349		
材料期末たな卸高		427		559		
		16,874		20,790		
人件費						
給料・手当		5,341		5,670		
賞与		465		476		
その他		847		914		
		6,654		7,062		人件費①
経費						
水道光熱費		599		677		
減価償却費		382		401		
その他		761		560		
		1,743		1,940		
		25,272	9.8	29,792	10.3	
3. 人件費						
給料・手当		41,947		44,506		
賞与		6,070		6,672		
その他		7,697		8,126		
		55,715	21.7	59,607	20.6	人件費②
4. その他の営業費						
営業資材費		11,217		12,988		
施設更新関連費		17,676		19,299		
エンターテインメント・ショー制作費		5,575		5,555		
業務委託費		8,082		9,666		
販促活動費		8,563		9,157		未来費用
ロイヤルティー		22,929		27,106		
租税公課		4,001		3,975		
減価償却費		32,597		32,986		
その他		13,834		16,062		
		125,368	48.8	136,800	47.3	
合計		256,959	100.0	289,116	100.0	

（注）1. 構成比は、売上原価合計額を100％として算出しております。
　　　2. 飲食売上原価は、実際総合原価計算によっております。

■ オリエンタルランドの「PL③」

（損益計算書関係）

※1　一般管理費のうち主要な費目及び金額は次の通りであります

	前事業年度 （自　2012年4月1日 至　2013年3月31日）	当事業年度 （自　2013年4月1日 至　2014年3月31日）	
業務委託費	2,638百万円	3,023百万円	
給与・手当	2,718	2,729	── 人件費③
賞与	1,646	1,650	── 人件費④
福利厚生・独身寮維持費	1,616	1,646	── 人件費⑤

※2　関係会社との取引高

	前事業年度 （自　2012年4月1日 至　2013年3月31日）	当事業年度 （自　2013年4月1日 至　2014年3月31日）
売上高	13,116百万円	13,371百万円
仕入高	15,840	17,713
営業取引以外の取引高	3,867	2,127

1　「人件費」の算出の仕方

「人件費」については「給与・手当」「賞与」「福利厚生費等」を拾って算出します。

　オリエンタルランドの場合、「ＰＬ②」と「ＰＬ③」の人件費の①～⑤のナンバーを振ったものを合算していくと、72,694Ｍとなりました。

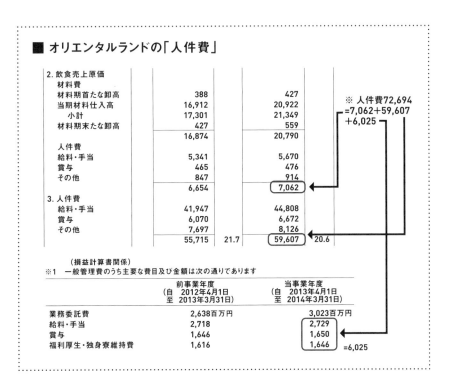

■ オリエンタルランドの「人件費」

2. 飲食売上原価			
材料費			
材料期首たな卸高	388		427
当期材料仕入高	16,912		20,922
小計	17,301		21,349
材料期末たな卸高	427		559
	16,874		20,790
人件費			
給料・手当	5,341		5,670
賞与	465		476
その他	847		914
	6,654		7,062
3. 人件費			
給料・手当	41,947		44,808
賞与	6,070		6,672
その他	7,697		8,126
	55,715	21.7	59,607	20.6

※ 人件費72,694
　＝7,062＋59,607
　＋6,025

（損益計算書関係）
※1　一般管理費のうち主要な費目及び金額は次の通りであります

	前事業年度 （自　2012年4月1日 　至　2013年3月31日）	当事業年度 （自　2013年4月1日 　至　2014年3月31日）
業務委託費	2,638百万円	3,023百万円
給料・手当	2,718	2,729
賞与	1,646	1,650
福利厚生・独身寮維持費	1,616	1,646

＝6,025

2　「金利」の算出の仕方

　便宜的に「ＰＬ①」の「営業外費用」から「営業外収益」を引いた差額を「金利」とします。

　　営業外費用（4,258Ｍ）－営業外収益（3,686Ｍ）＝金利（572Ｍ）

「なぜ、金利のところに『営業外費用－営業外収益』の数値を記入するのですか？」と尋ねられることが多々あります。みなさんも解きながら疑問に思われたかもしれません。

　理由は2つあります。

　1つ目の理由は、「営業外収益」の内訳の多くを預金の金利（すなわち

受取利息）が、「営業外費用」の多くを借入金の金利（すなわち支払利息）が占めているからです。

「金利＝営業外費用（支払利息）－営業外収益（受取利息）」とすれば、実質的に正味の利息負担額が計算されていることになります。

　なお、雑収入や賃貸収入などの金額が大きい場合、この数字がマイナスになりますが、もともと金額的な重要性が低いので大勢に影響なしと考えてください。

　もう1つの理由は、制度会計上の「営業外収益」を「未来デザインPL」のどこかに入れる必要があり、消去法的に金利に入れるのが最も妥当だろうと思われるからです。

「営業外収益」は、売上でも変動費でも人件費でも経費でも、さりとて「未来費用」に入れても都合が悪い。そこで①の理由と相まって、金利に入れておくのがいいだろう、というわけです。

3　「未来費用」の算出方法

「未来費用」というのは**「将来の売上を生むために、あえて掛けていく戦略的な費用」**のことです。しかし、科目に「未来費用」というものがあるわけではありません。

　オリエンタルランドの場合は、「PL②」の販促活動費（9,157M）を「未来費用」として考えてみましょう。

　1、2、3のそれぞれの数字の合計を「固定費」の総額から引いて経費を求めて表を埋めていきます。

　これで、金額の入った表が完成しました。

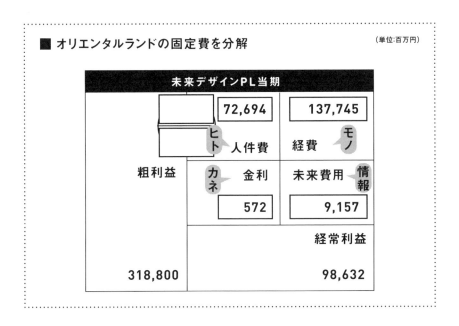

■ オリエンタルランドの固定費を分解

(単位:百万円)

未来デザインPL当期			
粗利益	ヒト 人件費 72,694	経費 137,745 モノ	
	カネ 金利 572	未来費用 9,157 情報	
318,800		経常利益 98,632	

「労働分配率」と「労働生産性」を見ていこう

　ここで、「人件費」については粗利益との関係性を示す**「労働分配率」**と**「労働生産性」**の2つの指標も求めます。

「労働分配率」とは、企業が生み出した付加価値（粗利益）のうち、どれくらいの割合が労働者に対して賃金、報酬として還元されたかを表す指標です。

　労働分配率＝人件費÷粗利益×100

　オリエンタルランドの場合は、

72,694M（人件費）**÷318,800M**（粗利益）**×100＝22.8%**

なので、約23%ということになります。

次に、**「労働生産性」**とは生産過程における労働効率を言います。一般的には労働者1人当たりが生み出す付加価値の額や生産数量などで表現します。

労働生産性＝粗利益÷人件費

オリエンタルランドの場合、は次のようになります。

318,800 M ÷ 72,694 M ＝ 4.4 （倍）

「人件費」の4.4倍に当たる粗利益を稼いだということになります。この2つも表に記入していきましょう。

(単位:百万円)

未来デザインPL当期		
22.8% / 4.4	72,694	137,745
粗利益	人件費	経費
	金利	未来費用
	572	9,157
		経常利益
318,800		98,632

10 「どこに手を打てば 利益を出せるか」 を考える

▶粗利益↑＝売上高↑−変動費↓
▶「ヒト・モノ・カネ・情報」の経営4資源にどう手を打つか

「利益創出ポイント」とは？

　ここからは、どこにどんな手を打つことで、利益を上げていくことができるかを考えていきましょう。

　まず、大きな枠から見ていきます。矢印の向きに注目してください。

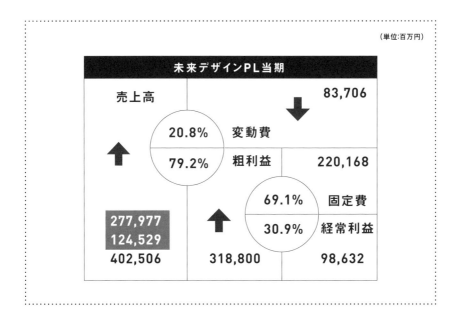

（単位:百万円）

未来デザインPL当期		
売上高		83,706 ↓
↑ 20.8%	変動費	
79.2%	粗利益	220,168
	69.1%	固定費
277,977 ↑ 30.9%	経常利益	
124,529		
402,506	318,800	98,632

　利益を出していきたいので、売上高は当然上向き↑、粗利益も上向き↑、反面、変動費は下向き↓となります。

　売上高アップの打つ手は、第3章で詳しく検討していきますが、まずは「変動費」を下げるための打ち手を見ていきましょう。

「変動費」を減らす4つの方法

　「変動費」を減らすための具体策は、次の4つです。

①単価を下げる

　売上高、変動費、粗利益は、じつは「数量×単価」で表すことができる世界です。基本的には、売上数量を増やすことで売上を上げ、さらに利益を上げていきたいので、数量は得てして増える傾向にあります。したがって、「変動費」を下げるとは、すなわち変動費の単価を下げることです。「変動費」は、基本的には仕入と外注に掛かる費用です。「仕入先や外注先に単価を下げる値下げ交渉をしていくこと」になります。

　ただし、品質が下がってしまってはいけません。品質を維持しながらどれだけ仕入単価、外注単価を下げられるかの交渉となります。

②発注数を増やす

　仕入先に「単価を下げてほしい」と言っても相手はなかなか応じてくれないかもしれません。そのような場合は「仕入の発注数（ロット）を増やす」という条件で、単価を下げる交渉をしてみるのもいいでしょう。

③仕入先・外注先を変更する

　同じものを仕入れるのであれば、より単価の安いところを探したり、

外注するのであれば安価な外注先を探したりして、「仕入先・外注先そのものを変更する」という方法もあります。

④内製化する

外注をやめて自社内で済ませる方法、すなわち「内製化」です。ただし、外注したほうがコストダウンになる場合もあり、単純に内製化すれば費用が抑えられるというものでもありません。どちらを選択したときに、より多くの粗利益を稼げるかを見極めましょう。

「固定費」はどうすれば利益につながるか?

【固定費の考え方①】 「人件費」のコントロールは?

次に、「固定費」について順番に見ていきましょう。

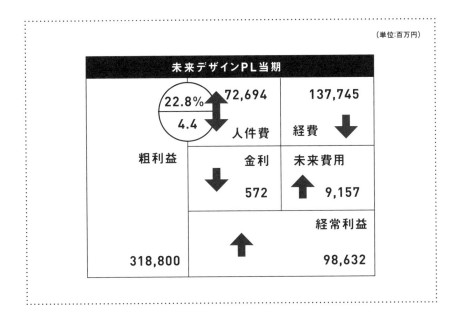

「人件費」は単純に削ればいいというものではありません。必要な場所にその業務にあたるに十分な能力を持った人材を配置していくことが重要です。

利益を出しながら人件費をコントロールする方法には、次の3つがあります。

（1）「労働分配率」によるコントロール

本章12節（109ページ）で解説しますが、「労働分配率」のコントロールで大事なのは「今、労働分配率が何パーセントで、将来、何パーセントを目指していくか」です。「労働分配率」は「儲けの構造＝ビジネスモデル」そのものです。

理想的なのは、「人件費」の金額は増加し、それ以上に粗利益の金額が増加することで、結果として「労働分配率」が減少することを目指してコントロールしていくことになります。

（2）分業化による効率アップを図る

簡単な仕事はアルバイトやパートに任せ、単価の高い正社員にはさせないといった分業化を行い、**適正な人員配置**をすることで効率化を図っていきます。

（3）成果給や人事評価の導入

社員に給料を払うのであれば、モチベーションの上がるような払い方をしましょう。**成果給・業績給を導入することや、適正な人事評価制度を導入すること**でモチベーションアップを図ることができます。

【固定費の考え方②】　経費削減を果たすには？

「固定費」は下げれば下げた分だけその同額分が、「経常利益」に対してプラスの効果があります。「固定費」を削減するのは難しいものですが、打つ手としては次のようなものが考えられます。

（1）徹底的にムダを排除する

じつのところ、「ムダの排除」は利益を出すための方法としては、あまり大きなインパクトにはならないでしょう。しかし、社員の意識を引き締めるという点においては、社長が「ムダの排除」を訴え続けていく意味はあると思います。

ただし、コストカットをやり過ぎてケチくさい感じになってしまってはいけません。かえって社員のモチベーションをダウンさせてしまいます。

（2）仕入先への価格交渉

単純ですが、仕入先に単価を下げる交渉をします。もし下がるのであれば、その分だけ利益として跳ね返ってきます。

（3）効率アップ

どうせ払っていくのであれば、払ったお金がしっかり利益に跳ね返るような手を打っていきましょう。「費用＝投資」と考えて、投資対効果（コストパフォーマンス）の発想が欠かせません。

【固定費の考え方③】　金利を下げるには？

金利、すなわち実質的に支払利息を減少させるための方策は、銀行との交渉の腕の見せどころと言えます。

（1）新規借入と借り換えのタイミングを狙って交渉する

この2つのタイミングは、銀行と交渉するまたとないチャンスです。常に情報のアンテナを張り巡らせ、金利が低いときを狙ってタイミングを逃さずうまく交渉しましょう。

（2）金融機関を変更する

借入先の金融機関そのものを変更することによって、金利を下げることが可能な場合もあります。以前のように「メインバンク」という考え方は薄れつつあります。コンペ形式で金利が下がることも普通になりました。

（3）借入残高の減少

「支払利息」は「借入金元金×利率」で計算されるので、借入金の残高が減少していくことによって金利は下がっていきます。そこで、着実に借入金を返済していくことが必要です。

（4）決算書の「見た目」を改善する

金融機関は自行の財務的な体力基盤が盤石であればあるほど、低い金利を提示してくるものです。会社の収益性を高め、財務体質を改善すること、すなわち決算書の「見た目」がよくなることで、低い金利の提示があります。そのうえで、融資担当者に対してマメな事業報告や決算報告を行うようにするといいでしょう。

要は、**しっかりと利益を出し、財務体質を強くしていくこと**が、金利を下げる王道と言えるでしょう。

【固定費の考え方④】「未来費用」をどう使う？

「未来費用」は「費用」というよりも、会社の将来のための積極的な

「投資」ととらえ、あえて使っていくべき費用です。

次の4つの観点から「未来費用」をとらえていくといいでしょう。

（1）中小企業こそ「未来費用」という発想で経費を使っていく

中小企業は、「固定費」を全部ひとくくりにして削減と言われ続けているので、「固定費」を増やすという発想になっていないところが多いです。中小企業こそ「未来費用」という発想で、経費をあえて使っていくということをしてください。

（2）自社の強みに投資する

長所伸展で、会社の強みに重点的に投資する発想で、広告宣伝費や設備投資（ただし、費用となるような）などに費用を投下していきましょう。

（3）人材育成に投資する

人材育成のための研修費なども、将来の売上を上げるための「未来費用」と考えていいでしょう。

（4）投資対効果をきちんと測定するようにする

「未来費用」は使いっぱなしにしてはいけません。「未来費用」を掛けたことによって実際にどれくらい売上が上がったか、投資対効果をなるべく測定できるようにしましょう。

どこに手を打てば利益を出せるか？

ここまで、利益を出すために、「変動費」や「固定費」に白羽の矢を立てて検討してきました。

　しかし、「変動費」や「固定費」の削減（実際には「人件費」のコントロールや「未来費用」のアップを含む）を検討すればするほど、実感することがあります。それは、会社は「儲けの構造（ビジネスモデル）」を簡単に、また急激に変えることはできない、また仕入単価も簡単には下がらないし、「固定費」の削減は利益に与えるインパクトがいかに小さいか、ということです。

　シミュレーションを重ねれば重ねるほど、利益を出す（粗利益をアップさせる）には、いかに売上高を上げることが必要なのかということを思い知らされるのです。

　したがって、私はこの「**利益を出すには、売上を上げること**」を「黒字化の第二法則」としています。

■ どこに手を打てば利益を出せるか　　　　　　　　　　　　（単位:百万円）

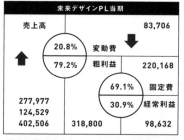
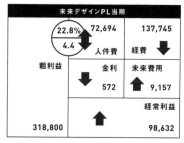

儲けの構造（ビジネスモデル）は、簡単には変わらない…
固定費削減と言われるが、簡単には減らせない…
仕入単価も、簡単には下がらない…

【黒字化の第二法則】
利益を出すには、売上を最大化すること

利益を出すには、固定費削減ではなく、粗利益＝売上高を増やすこと！

「節税」という
考えを捨てる

▶中小企業は「節税の呪縛」にとらわれやすい
▶節税をしている限り、会社は大きくならないことを理解する

下手な節税は自らの首を絞める

　会社経営の目標は、より多くの「経常利益」を出すことです。しかし中小企業の場合、せっかく売上が上がって利益が増えても、最後の最後に税金の部分で失敗してしまうことがよくあります。

　経営者は税額を計算すると、えてして「そんなに払いたくない」という気持ちが起こり、最終的に利益を減らす方向に手を打ってしまうのです。それまで「利益を上げよう」とさまざまな手を打ってきたにもかかわらず、実際の税額を見たとたんに節税に走ってしまうわけです。

　この「税金を払いたくない」という気持ちを乗り越えない限り、会社が大きくなっていくことはありません。本当の意味で「お金を残したい」のであれば、節税は決してやってはいけません。

　節税の結果は、決算書となって残ります。会社の成績表である決算書に悪い結果が記されるとどうなるでしょうか？

　金融機関の格付けが低くなり、思うような資金調達ができなくなる可能性があります。優遇金利も受けられなくなるでしょう。企業価値を毀損することにもつながり、万一、会社を売却しなければならなくなったときに、安値で買い取られることにもなりかねません。

「節税」という思い込みを手放すタイミングこそが、中小企業を脱する
ときと心得てください。

「実効税率」を理解する

オリエンタルランドの場合、98,632Mの税引前利益に対して、36,397M
の税金を負担しています。割合にして約37%です。この比率を「**実効
税率**」と言います。

裏を返せば、100利益が出れば、必ず63を内部留保できる構造であると
理解できます。このことを理解すれば、節税のために税引前利益を最小化
する行動は、内部留保を最小化する行動であるとわかるでしょう。

「**お金（現預金）を残すには、節税しないこと**」。これを「黒字化の第三
法則」として、肝に銘じてください。

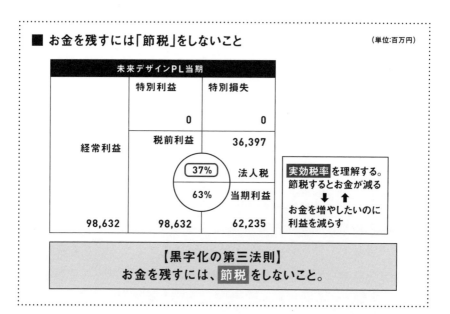

■ お金を残すには「節税」をしないこと　(単位:百万円)

未来デザインPL当期	特別利益	特別損失
	0	0
経常利益	税前利益	36,397
	37% 法人税	
	63% 当期利益	
98,632	98,632	62,235

実効税率を理解する。
節税するとお金が減る
↓　↑
お金を増やしたいのに
利益を減らす

【黒字化の第三法則】
お金を残すには、**節税**をしないこと。

12 「労働分配率」で 生産性を チェックする

▶「トトロの図」は社員とのコミュニケーションツール
▶利益は全従業員の力の総和

人件費への「経営の打ち手」

この章の締めくくりとして、最も扱いの難しい「人件費」への「経営の打ち手」を深掘りしていきましょう。

「労働分配率」が判明すると、必ずと言っていいほど聞かれるのが「ウチの会社の労働分配率は適正なのですか?」という質問です。

しかし、じつのところ適正な「労働分配率」というものは存在しないのです。業種、業態によって大きく異なるので、一概に何パーセントがいいとは言えません。

大事なのは**「労働分配率が、今何パーセントで、将来何パーセントを目指していくか」**です。

「労働分配率」というのは、会社の組織風土を反映したビジネスモデルそのものと言っても過言ではありません。たとえば、オリエンタルランドの場合は23%の「労働分配率」というビジネスモデルをつくり上げて、日々の商売を回しているのです。

■「労働分配率」で見る事業の効率

（単位：百万円）

未来デザインPL当期		
22.8%　72,694		137,745
4.4　人件費		経費
粗利益	金利　572	未来費用　9,157
		経常利益
318,800		98,632

労働分配率（%）	労働生産性（倍）
人件費÷粗利益×100	粗利益÷人件費

「人件費は↑、労働分配率は↓」が望ましい

「理想的な労働分配率とは？」というのも、よく聞かれる質問です。

　理想的なのは昇給や昇格、社員が増えることによって、人件費の金額が増加していくことです。**「人件費の増加＝会社が成長していくこと」**に他ならないからです。そして、それ以上に**粗利益の金額が増加していくことにより、結果として「労働分配率」が減少することが理想です。**

　とはいえ、「労働分配率」は低ければ低いほどいいというわけではありません。「労働分配率」が低いというのは、労働生産性が高いことを意味するため、一見すると素晴らしいことではあるのですが、社員が過重労働の状態になっている可能性があります。「労働分配率」が低い場合は、現場がどうなっているか、いわゆる「ブラック」な状態になっていないか、注意して見ていかなければいけません。

「社長の役員報酬」はNO.2の3倍もらうべき理由

　毎月の経営会議に経営幹部などの社員が加わるようになると、「労働分配率」の部分で必ず話題になるのが、「だって社長の報酬が高いから……」という声です。社員には、「労働分配率」を悪化させている社長の高額な役員報酬が気になって仕方がないわけです。

　そのときに、顧問税理士である私は「社長はNo.2の3倍の給料をもらうべきなんですよ。その理由は3つです」という話をしています。

　まず1つ目は、経営者として会社経営のかじ取りをしている、いわゆる責任者の立場であることです。24時間は言い過ぎかもしれないですが、よい意味での公私混同をして、**すべてを事業経営に注ぎ込んでいる、というのが経営者である社長の立場**だからです。

　2つ目は、**社長は会社のトップセールスマンであること**が多いということです。売上の「ABC分析（詳しくは後述）」をしてみれば、Aクラスにある得意先を誰が獲得してきたかと言われたら、ほとんど社長が営業した会社が上位を占めている、というのは中小企業ではよくある姿なのではないでしょうか。

　3つ目は、会社をつくるときに出資をしたり、資金繰りが厳しければお金（現預金）を貸したり、もしくは銀行からの借入に対して個人資産である自宅を担保に入れていたり、もし会社が借金を返せなかったら個人財産が取られる連帯保証人になっていたり、**社長は経済的な負担を実質的に負っています。**

　オーナーであり、経営者という立場で所有と経営が分離していないのが個人事業、中小企業の多くですので、そのような立場も同時に持っています。

　こうした理由から、私は社長はNo.2の3倍の役員報酬を取っていいのではないかと考えています。ただし、実際にNo.2の3倍の給料を取れている社長はそういないでしょう。

　しかし社員に対しては、社長はさまざまなリスクを負っているがゆえに給料が高額であり、その社長の給料を含んだ「人件費」を「労働分配率」でコントロールしていく必要があることを説明するべきです。

■ 社長の役員報酬の適正額は？

(単位:百万円)

未来デザインPL当期		
22.8%　4.4	72,694　人件費	137,745　経費
粗利益	金利　572	未来費用　9,157
		経常利益
318,800		98,632

「会社の数字」は社員とのコミュニケーションツール

「未来デザインPL」を使って、実際に社員とコミュニケーションをとりながら、みんなで利益を出していきましょう。

　たとえば、オリエンタルランドの「労働分配率」は「粗利益」の23%を「人件費」に分配しています。これは事実です。しかし、この言い方だと、上から目線で「粗利益の23%を社員に配ってやった」とい

うニュアンスを感じる人もいるかもしれません。

　この言い方を換えて、労働生産性で表現すると「人件費の4.4倍の粗利益を稼いだ」となります。「粗利益」は会社が生んだ付加価値なので、会社の存在意義とも言えます。

　さらに言い方を換えると、「みなさんは自分たちの給料の4.4倍の付加価値を生んだんですよ」という言い方もできます。さきほどの上から目線で「粗利益の23％を配ってやった」に比べると、対象となっている数字はまったく同じですが、社員の受け取り方、モチベーションの上がり方が変わってくるでしょう。

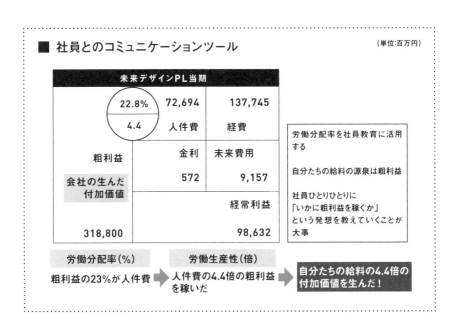

　実際に、**利益は会社全員の力の総和です**。売上も社長1人で上げているわけではないし、経費も社長1人で使っているわけではありません。みんなで売上を生んで、みんなで経費を使っています。

　そこで、「みんなで利益を出していこう」という話をすることが大切です。

「労働分配率」の使い方ひとつ取っても、言い方しだいで感じるニュアンスがまったく変わってくるので、言葉の使い方をぜひ工夫してみてください。

「経営力」をチェックするための、
選りすぐりの分析比率を紹介

経営力分析						
収益性	5	5	5	－	15	今回
生産性	5	5	－	－	10	
成長性	5	5	5	－	15	
CF	5	5	－	－	10	
安全性	5	5	5	5	20	
健全性	5	5	5	－	15	
効率性	5	5	5	－	15	
合計	35	35	25	5	100	

各5点満点

収益性①

売上高経常利益率＝経常利益÷売上高×100

5点＝15％～	4点＝10％～	3点＝5％～
2点＝3％～	1点＝3％未満	

「会社の儲けの実力」を表しているので、「制度会計」のみならず、「未来会計」でも最も注目されるのが「経常利益」です。

収益性②

経営安全率＝経常利益÷粗利益×100

5点＝40%〜	4点＝〜40%	3点＝〜20%
2点＝0〜10%	1点＝マイナス	

「未来会計」で最も注目すべき指標は「経営安全率」になります。「会社の儲けの構造＝ビジネスモデル」が浮き彫りになった比率です。

収益性③

内部留保率＝税引後利益÷売上高×100

5点＝10%〜	4点＝7%〜	3点＝4%〜
2点＝2%〜	1点＝2%未満	

「PL」の利益は、最終的にお金として会社の中に内部留保されます。いかに内部留保の絶対額を最大化させるかが経営の課題になるため、もちろん「内部留保率」が最終的には重要な比率です。

生産性①

労働分配率＝人件費÷粗利益×100

5点＝〜25%	4点＝〜35%	3点＝〜50%
2点＝〜65%	1点＝65%以上	

「人件費」は、「労働分配率」を活用していかにコントロールするかが重要です。

生産性②

未来投資率＝未来費用÷粗利益×100

5点＝30％〜	4点＝20％〜	3点＝10％〜
2点＝5％〜	1点＝5％未満	

　「未来費用」は、将来の売上を生むために、投資の発想で使う経費です。業種・業態によっても、その目標となる割合はさまざまですが、あえて点数付けをしてみました。

第 **3** 章

利益を出すための
「売上」のつくり方

どうすれば、「儲かるビジネスモデル」を
つくれるのか?
〜「経営計画書」の使い方〜

1 「経営計画書」を つくるのが利益を 出すための第一歩

▶「儲かる仕組み」は「経営計画書」から生まれる
▶事業経営の肝は「経営理念」と「逆算思考」

なぜ、社長は「経営計画書」を作成しないのか?

「経営計画書」は非常に役に立つものなのに、とくに中小企業ではあまりつくられていないという現実があります。

その理由の1つは、「将来のことを考えるのは雲をつかむようなもので、よくわからないから」ということのようです。

しかし、人件費や経費などの「固定費」については、ある程度予測がつきます。つまり、「わからない」というのは、「売上高」すなわち「稼がなければいけない金額」のことを言っているのでしょう。

もう1つの理由は、社長の中に「現実は目標通りにはいかないから」という思いがあるからです。私にしてみると、それこそが社長の思い違いと言わざるを得ません。というのも、大切なのは**目標と現実の差を読むこと**だからです。

目標というのは「社長の考え方」、現実(実績)は「それに対して市場がどう反応したか」を示しています。すなわち、目標通りにいかなかったのは、「社長の考え方が、市場にマッチしていなかった」ということに他なりません。

「経営計画(書)」は、目標通りにいかないから役に立たないのではな

く、目標通りにいかないからこそ、社長の考えが市場とズレているという警告を発してくれる「役に立つもの」になるのです。

　目標と実績の差を読み、そこに手を打つのが経営の本質です。

■ 経営計画書をつくらない理由①

　　経営計画を立てても意味がない?

　　　⬇　理由は?

　①将来のことは雲をつかむようでわからないから

　　　➡ 人件費、経費、支払利息等はかなりの精度でわかる
　　　　「売上高」(稼ぐ金額)がわからない

　　　➡ 「稼がなければならない金額」はわかる

　　経営計画とは

　　　➡ わが社が生き残るために、いくら稼がなければならないかを
　　　　計画するもの

■ 経営計画書をつくらない理由②

　②現実は目標通りにいかないから

　　　➡ 大切なのは「目標」と「実績」の差
　　　　「目標」＝手に入れたい結果
　　　　差は「社長の考え方」と「市場」のズレを示す

　　　➡ 目標と実績の差を読み、手を打つ(経営の本質)

　　経営計画は

　　　➡ 目標通りにいかないから「役に立たない」のではなく
　　　　目標通りにいかないからこそ「役に立つ」

　　　　過去会計　　　　　未来会計
　　　　(成り行き・放漫経営)　　　　(戦略経営)

社長の仕事は「経営計画（ビジネスモデル）」をつくること

「経営計画書」は、往々にして社員への指示書になってしまいがちです。しかし、それではいけません。「経営計画書」の本質は、社長の不退転の決意を表すものであるべきです。

具体的に、押さえるべきポイントは4つあります。

①社長が基本的な「目標」を決定する
②目標を達成するための「方法論」を具体化して社員に指示する
③社員の「達成管理」を徹底する
④「成果」の全責任は社長が負う

当たり前のようですが、これらができないことが多いのです。

まず、社長の「目標設定」ができていません。仮に目標は設定できたとしても、具体的なやり方を教えないまま社員にやらせてしまいがちです。「方法論」を社長が考えていないからです。目標だけ与えられた社員が任務を遂行できないのも無理からぬことです。また、「達成管理」をおろそかにするのもいけません。社員は「やってもやらなくてもいいんだな」と思ってしまいます。

このように、詰めが甘いままに実行された計画がうまくいく可能性は極めて低くなります。すると、社長は社員にその責任を押しつけます。どう考えても、社員のせいではないのに、なぜか社員に責任転嫁をしてしまうのです。

「社長は決定する人」「社員は実行する人」「成果の責任を取るのは社長」ということをよく理解しましょう。

社長の仕事は、自ら経営計画を立てることであり、会社の「儲けの構

造」や「財務体質」といったビジネスモデルを構築することなのです。

■「経営計画」の実践手順

経営計画とは
社員に対する指示 ➡ 社長の不退転の決意
① 社長が基本的な「目標」を決定する
②「方法論」を具体化し指示する
③ 社員の「達成管理」を徹底する
④「成果」の全責任は社長が負う

社長 が決定 ➡ 社員 が実行 ➡ 社長 が責任

社長の仕事＝経営計画を自ら立てること

「経営計画書」に明文化すべき6つの柱

「経営計画書」に明文化すべきことは、「言葉で表すべきもの（言葉編）」
と「数字で示すべきもの（数字編）」に分かれます。

①経営理念（言葉編）

「わが社が社会に存在する意義、使命」「社長の哲学」等を経営理念と
しましょう。

②中期の事業構想（数字編）

　わが社が5年後、10年後に「こうなっていたい」という目標を数字で
表します。

③当年度の経営目標（数字編）

②の5年後、10年後の目標に向かうために、来年どうならなければいけないかを数字で表しましょう。

■ 経営計画（中期と短期）

　　　　中期経営計画…5年後のあるべき姿（理想）
　　　　短期経営計画…1年後の見通し（現実）

　　➡ 月次予算へ展開
　　　予算・実績管理（月次経営会議の開催）
　　　目標と現実のズレを把握
　　　打つ手は無限！

　　　過去を知り、未来を見て、現在に挑戦！
　　　「今日、打つべき手は何でしょうか?」

---

④経営基本方針（言葉編）

経営の基本方針を「お客様第一主義」「重点主義」「環境整備」など、言葉で掲げましょう。

⑤個別方針（言葉編）

お客様の方針、商品の方針、販売促進の方針、内部体制の方針など、会社独自の個別の方針を立てていきます。

⑥数値目標の諸表（数字編）

②の中期の事業構想、③の当年度の経営目標をさらに細かく展開した

さまざまな表を「経営計画書」に添付していきます。

■「経営計画書」に明文化すべきこと

①経営理念（言葉編）
「わが社が社会に存在する意義、使命」
②中期の事業構想（数字編）
③当年度の経営目標（数字編）
④経営基本方針（言葉編）
「お客様第一主義」「重点主義」「環境整備」
⑤個別方針（言葉編）
「お客様」「商品」「販売促進」「内部体制」
⑥数値目標の諸表（数字編）

「経営計画書」について深く学べるおすすめの本

　書店に行くと、「経営計画書」に関するさまざまな本が並んでいますが、私がおすすめしたいのはこのジャンルの大家として知られる、一倉定先生の本です。『一倉定の社長学全集』全10巻という大著で、日本経営合理化協会から出版されています。お客様第一主義、重点主義、環境整備といったことについても非常に深いところまで掘り下げて書かれているので、興味のある方はぜひ読んでみてください。

会社が生き残るために必要な「利益計画」のつくり方

▶「最小限利益」の考え方を「経営計画書」に活かす
▶「利益計画」は、会社の存続をかけた社長の意思決定

目標とする「経常利益」から逆算する

　ここでは「経営計画書」のうち、③の当年度の経営目標のつくり方、すなわち「利益計画」のつくり方について説明していきます。

　「利益計画」は、「制度会計のPL」のように儲けのプロセスからはじ

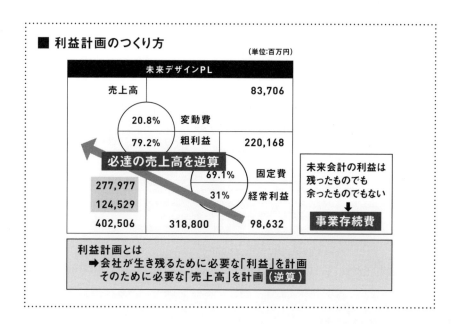

■ 利益計画のつくり方

（単位：百万円）

未来デザインPL		
売上高		83,706
20.8%	変動費	
79.2%	粗利益	220,168
必達の売上高を逆算	69.1%	固定費
277,977	31%	経常利益
124,529		
402,506	318,800	98,632

未来会計の利益は残ったものでも余ったものでもない
↓
事業存続費

利益計画とは
➡ 会社が生き残るために必要な「利益」を計画
そのために必要な「売上高」を計画【逆算】

き出された利益とは逆の発想でつくらなければなりません。第2章の「利益は『逆算』して考える」でも説明したように、会社の存続に必達の利益から逆算していくことが大切です。

「利益計画」のつくり方の手順

では、「利益計画」の具体的なつくり方について説明していきます。

①目標の「経常利益」を設定する

第2章でお話しした通り、たとえば社員1人当たり100万円など社長が出したい金額で自由に設定していただいてかまいません。年間の借入金の返済額から税金を加味し逆算して割り出すという方法もあります。

②「固定費」を予測する

「固定費」は、実績数値をもとに予測します。

【人件費】

実際に雇っている社員の人件費に、これから新規採用する人や退職することがわかっている人の人件費、昇給・昇格等も勘案して計算しましょう。

【経費】

基本的には、現状維持か少し多めに見積もります。減価償却費については固定資産台帳を参考にします。

【金利】

借入金の返済予定表をもとに計算します。

【未来費用】

　将来の売上をつくるために必要となる戦略的な費用なので、積極的に多めに見積もるようにしましょう。

③「必要粗利益」を計算する

「経常利益＋固定費」で「必要粗利益」を出します。

④「必要売上高」を計算する

「粗利益÷粗利益率」で「必要売上高」を出します。

```
■「利益計画」のつくり方

    1. 目標の「経常利益」を設定
        ①1人当たり　②年間借入返済額
    2.「固定費」を計画
        ・人件費→①上昇率（新規・退職）　②労働分配率
        ・経費→①固定資産台帳　②現状維持か多め
        ・金利→借入金返済計画表
        ・未来費用→将来売上のための戦略的な費用
    3.「必要粗利益」を計画（経常利益＋固定費）
    4.「必要売上高」を計画（粗利益÷粗利益率）
```

では、実際に「利益計画」をつくってみましょう。

①目標の「経常利益」を設定
　　経常利益　1,000万円

②「固定費」を計画
　・人件費 ➡　3,000万円
　・経費 ➡　　1,800万円
　・金利 ➡　　　　　0円
　・未来費用 ➡　200万円

③「必要粗利益」を計画

④「必要売上高」を計画　粗利益率60%

　ここでは、目標の「経常利益」を1,000万円とします。「固定費」は人件費が3,000万円、経費が1,800万円、金利は0円、「未来費用」は200万円とします。

　すると、粗利益が「経常利益（1,000万円）＋固定費（5,000万円）＝6,000万円」となります。

「儲けの構造」での「粗利益率」が60%と仮定して、「必要売上高」を計算してみます。

　粗利益（6,000万円）÷粗利益率（60%）＝1億円

　このケースでは1億円の売上が必要なことがわかりました。

売上が10%変動したら、利益はどう変わる？

　次に、売上高が10%増えたときと、10%減ったときのシミュレーションをしてみましょう。

■「利益計画」のシミュレーション

（単位：百万円）

		目標		試算1		試算2		試算3	
売上高		100		110		90			
変動費		40	40%	44	40%	36	40%		%
粗利益		60	60%	66	60%	54	60%		%
固定費	人件費	30		30		30			
	経費	18	50	18	50	18	50		
	未来費用	2		2		2			
	金利	0		0		0			
経常利益		10		16		4			

【答え】試算1（売上高10％増のケース）➡ 経常利益は60％増加
　　　　試算2（売上高10％減のケース）➡ 経常利益は60％減少

　まず、「売上高が10％増えたときのシミュレーション」を見ていきます。

　10％売上が増えて、1億1,000万円となった場合、「変動費率」が40％、「粗利益率」が60％という「儲けの構造」になるので、それぞれ計算すると「変動費」が4,400万円と「粗利益」が6,600万円になります。「固定費」は変わらないので、「粗利益」から「固定費」を引いて「経常利益」の額を算出します。

　6,600万円 − 5,000万円 = 1,600万円

　売上が10％増えると、「経常利益」が60％増加することがわかります。

　次に、「売上高が10％減ったときのシミュレーション」も同じように計算していきます。

「粗利益」の額から「固定費」を引いて算出すると、

5,400万円 − 5,000万円 = 400万円

売上が10％減ると、利益が60％減ることがわかります。

　このように、「儲けの構造」を浮き彫りにしたことで、簡単な数字の操作で「利益計画」のシミュレーションができます。
　実際の「利益計画」においても、このシミュレーションを繰り返しながら、「必達の利益」から「逆算された売上高」を果たして達成することができるのか。あまりに現実的でない売上ならどこまで妥協できるのか。妥協して会社は本当に生き残れるのか。そのようなことを考えながら「利益計画」を確定していきます。**まさに「利益計画」は、会社の存続をかけた社長の意思決定そのものなのです。**

「来期計画」を考えてみよう

　では、前期・当期の決算をもとに、過去の趨勢を加味して、実際に来期に望む「経常利益」から「必要な売上高」を逆算してみましょう。

〈例〉
　前期は売上が8,000万円、粗利益率60％の会社で粗利益の額は4,800万円、固定費は4,100万円でした。この期の経常利益は700万円です。
　当期は売上が7,000万円に下がりました。粗利益の額は4,200万円、人件費と未来費用が100万円ずつ増えたので固定費は4,300万円に増加。経常利益は−100万円の赤字になりました。

　これを踏まえて、どのような「来期計画」を立てるかを考えてみましょう。

　「利益計画」に、唯一無二の正解というものは存在しません。たとえば、次ページの2つ目（下）の表が、過去の趨勢を加味した私なりの「来期計画」です。

　「経常利益」は600万円くらいほしいところです。「固定費」は推移を見ていくことが大切です。「人件費」は前期から当期にかけて100万円増えているので、来期も増加するものと考え、2,800万円としました。自然な昇給、昇格で、とくに新規採用をしなくても「人件費」の額は上がっていくと考えます。

　次に「未来費用」です。私はあえて「未来費用」を多めに見積もることにしました。「未来費用」を増加させて売上を上げるための方策を打っていかなければならないと考えたからです。この部分を600万円にすることとしたので、「固定費」の総額は4,800万円となります。

　出したい「経常利益」が600万円なので、「経常利益＋固定費」で求める「粗利益」の額は5,400万円。「粗利益率」が60％なので、「粗利益÷粗利益率」で求める売上の額は、「5,400万円÷60％＝9,000万円」ということがわかりました。

　売上が8,000万円から7,000万円と下がってきているなか、V字回復で9,000万円まで上げようとしているわけです。「未来費用」を増やした状態で達成させようとしているのですが、これが現実的かどうかを考えながらやっていくことになります。

　「利益計画」はこのように過去を踏まえて立てていきます。**過去をしっかり分析しながら未来のことを考え、今、打つべき手を考えていくこと**になります。

■「利益計画」のシミュレーション

（単位：百万円）

		前 期		当 期		来 期	
売上高		80		70			
変動費		32	40%	28	40%		%
粗利益		48	60%	42	60%		%
固定費	人件費	26		27			
	経費	14	41	14	43		
	未来費用	1		2			
	金利	0		0			
経常利益		7		△1			

【問い】前期と当期の業績を踏まえて、あなたなら、どのような「来期計画」を立てますか?

↓

■「利益計画」のシミュレーション

（単位：百万円）

		前 期		当 期		来 期（例）	
売上高		80		70		90	
変動費		32	40%	28	40%	36	40%
粗利益		48	60%	42	60%	54	60%
固定費	人件費	26		27		28	
	経費	14	41	14	43	14	48
	未来費用	1		2		6	
	金利	0		0		0	
経常利益		7		△1		6	

【答え】人件費は自然増加する。たとえば、未来費用を使って売上を伸ばさなければ、利益を計上することは難しいのでは?

必要利益から逆算した「販売計画」のつくり方

▶「ABC分析」で現状を把握し、「重点主義」で方針を決定する

「ABC分析」で現状を把握し、方針を決定する

「利益計画」を達成するためには、「販売計画」の作成が必要となります。

まずは、「何を＝商品別」「どこに＝お客様別」「誰が＝担当者別」の現状を分析しましょう。

売上分析のうち、よく知られる方法として「**ABC分析**」という手法があります。「ABC分析」では売上を基準にして、たとえば商品を構成比の多い順に並べて、累計の売上構成比が80％までに入る商品群が「Aランク（重点商品）」のグループ、81〜95％までに入る商品群が「Bランク（安定商品）」のグループ、残りは「Cランク（成行商品）」といった、A、B、Cのグループに分けて分析していきます。

こうして売上が大きい順に並べると、上位20％の商品群が売上全体の80％を占めており、それで商売が成り立っていることがわかります。これを「パレートの法則」と言います。

利益を上げるには、大きな売上をつくる「Aランク」の商品を積極的に販売促進する、すなわち「未来費用」を掛けていくことが大切です。「Bランク」の安定商品は「Aランク」の商品ほど販売促進に注力する必要はありません。「必要に応じて」にとどめます。「Cランク」の商品

については基本的には何もする必要はありません。このように、重要度の高いものに注力するやり方を「**重点主義**」と言います。

■「ABC分析」による現状把握

順位	商品名	金額	売上構成比(%)		ランク
			個別	累計	
1	A商品	3,000	30%	30%	Aランク
2	B商品	2,500	25%	55%	
3	C商品	2,500	25%	80%	
4	D商品	800	8%	88%	Bランク
5	E商品	400	4%	92%	
6	F商品	300	3%	95%	
7	G商品	150	2%	97%	Cランク
8	H商品	100	1%	98%	
	その他				
	合計	10,000	100%	100%	

■ 重点主義による格付け

ランク	商品名	方針
Aランク	A商品、B商品、C商品	重点商品
Bランク	D商品、E商品、F商品	安定商品
Cランク	その他	成行商品

実際に行われがちなのが、売れない商品を頑張って売ろうとしてしまうことです。まさに「重点主義」と真逆のやり方をしている中小企業が少なくありません。

```
■「販売計画」のつくり方

        ①何を、②どこに、③誰が、販売するか
        ➡ ①商品別　②お客様別　③担当者別 の計画
     1. 現状把握・方針決定（ABC分析）
        ①パレートの法則　②重点主義
     2. 過去の販売実績を分析→趨勢・傾向を読む
     3. 今期の販売計画を立案（販売戦略）
        →不足分をいかに獲得するか？
     4. 月次販売計画に展開
        →予算・実績比較（月次決算）
```

「来期予測」をする

次に、ここ2〜3期の販売実績を踏まえて来期の予測をしていきます。

ある会社（仮に「Z商事」とします）では、前期にA商品が3,000万円、B商品が2,000万円、C商品が1,000万円、その他の商品が2,000万円売れて、合計で8,000万円の売上が立ちました。

当期はA商品が3,200万円、B商品が2,000万円、C商品が2,000万円、その他の商品が1,800万円売れて売上合計は9,000万円となっています。

なお、来期の事業存続費としての「経常利益」から逆算した売上高は1億1,000万円ということがわかっています。

この成り行きを踏まえて、来期はどうなるか予測していきましょう。

■「販売計画」

(単位:百万円)

商品	前期 売上高		当期 売上高		来期予測 売上高		計画 売上高		分析&方針
	粗利益	利益率	粗利益	利益率	粗利益	利益率	粗利益	利益率	
A	30		32						拡販
	15	50%	16	50%		50%		50%	
B	20		20						現状維持
	10	50%	10	50%		50%		50%	
C	10		20						重点拡大
	4	40%	8	40%		40%		40%	
その他	(20)		(18)		( )		( )		
合計	80		90				110		
	40	50%	45	50%					

↓

■「販売計画」

(単位:百万円)

商品	前期 売上高		当期 売上高		来期予測 売上高		計画 売上高		分析&方針
	粗利益	利益率	粗利益	利益率	粗利益	利益率	粗利益	利益率	
A	30		32		34		36		拡販
	15	50%	16	50%	17	50%	18	50%	
B	20		20		20		22		現状維持
	10	50%	10	50%	10	50%	11	50%	
C	10		20		30		30		重点拡大
	4	40%	8	40%	12	40%	12	40%	
その他	(20)		(18)		(20)		(22)		
合計	80		90		104 (不足額 6)		110		
	40	50%	45	50%	52	50%	55	50%	

【答え】利益計画から逆算した必達の売上目標110を達成することは、とても難しい。上記事例では、不足売上高が6。ここに挑戦するのが、販売計画！

　まずA商品の成り行き予測を見てみましょう。前期から今期にかけて3,000万円から3,200万円へと増加していることから、来期は3,400万円という予測が立ちます。B商品は前期と当期ともに2,000万円で変動がないことから来期も2,000万円、C商品は1,000万円から2,000万円と増加しているので3,000万円、その他商品は2,000万円から1,800万円と減少していますが前期並みの2,000万円とそれぞれ成り行き予測をしたところ、合計で1億400万円くらい売れるのではないかという予測が立ちました。

　しかし、出さなければならない「経常利益」から逆算した売上は1億1,000万円なので、600万円足りません。600万円多く売るには、どの商品に注力するのか（商品別）、それは誰に買ってもらう商品なのか（お客様別）、誰が売るのか（販売担当者別）を検討する必要があり、それがすなわち「販売計画」となります。

　このケースでは、商品別の切り口で検討し、A商品、B商品、その他の商品を、それぞれ200万円ずつ多く売って、1億1,000万円の売上を達成しようと考えることも可能です。

「年間販売計画」を月次計画に落とし込む

「年間販売計画」を立てたら、次にそれを「月次計画（予算）」に展開していきます。まずは、それぞれの商品（商品群）の年間売上を月次に割り振って予算を立て、それが実行できたか販売実績も記入していきます。

　月次決算が締まるたびに予算と販売実績を比較して、当月どのような手を打っていくかを検討します。これを毎月の経営会議で行うわけです。

Z商事では来期、1億1,000万円の売上が必要だとします。それを達成するには、年間A商品3,600万円、B商品2,200万円、C商品3,000万円、その他の商品2,200万円を売り上げる目標を立てます。

　これを12カ月で割って1カ月あたりの目標額を出し、月次決算が締まるたびに実績を記入したのが次の表です（4カ月経過時点）。

■「販売計画」のシミュレーション

（単位:百万円）

商品	売上高		4月 目標	4月 実績	5月 目標	5月 実績	6月 目標	6月 実績	7月 目標	7月 実績
A	36	当月	3	3	3	2	3	3	3	3
		累計	3	3	6	5	9	8	12	11
B	22	当月	1	1	1	1	2	2	2	2
		累計	1	1	2	2	4	4	6	6
C	30	当月	2	2	2	2	2	3	3	2
		累計	2	2	4	6	6	9	9	11
その他	22	当月	3	2	3	3	2	1	2	2
		累計	3	2	6	5	8	6	10	8
合計	110	当月	9	9	9	9	9	9	10	9
		累計	9	9	18	18	27	27	37	36

【問い】今期の商品別販売計画を月次計画（予算）に展開し、販売実績と比較しました。あなたなら今月どのような販売促進策を実行しますか？

　では、この4カ月間の目標と実績の比較をしていきましょう。

　A商品は5月に目標達成できていませんが、堅調に売れている様子がうかがえます。B商品は目標達成。C商品は4月、5月及び6月で目標を上回り、7月に下回るも市場のニーズがあると見られます。

「販売計画」を立てた時点で予測した通り、A商品とC商品が市場から評価されていることは売上実績として表れています。私なら今月の打ち手として、まずC商品、次にA商品に販売促進策を打っていきます。

　あなたなら、どんな手を打ちますか？

月次経営会議に欠かせない魔法のグラフ「年計グラフ」

▶季節的な変動が消えて長期的な傾向がわかる
▶短期的には前年同月との勝ち負けが一目瞭然

「年計グラフ」のつくり方

　毎月の月次決算データの蓄積をもとにつくるのが、過去12カ月の数字の累計を折れ線グラフにした**「年計グラフ」**です。

　たとえば、2018年3月から売上高の年計グラフをつくり始めたとしましょう。使用するデータは、次のようになります。

・2018年3月の売上年計：2017年4月〜2018年3月の月次売上累計
・2018年4月の売上年計：2017年5月〜2018年4月の月次売上累計
・2018年5月の売上年計：2017年6月〜2018年5月の月次売上累計
・2018年6月の売上年計：2017年7月〜2018年6月の月次売上累計
・2018年7月の売上年計：2017年8月〜2018年7月の月次売上累計
〜以下、続く〜

　このように「そのデータを取る時期以前12カ月間の累計」を折れ線グラフにしていきます。

■ ① 「年計グラフ」のもとになる12カ月の累計データ

（単位：百万円）

売上高	2017年度		2018年度		2019年度	
	当月	累計	当月	累計	当月	累計
4月	10		11	121	11	120
5月	10		12	123	13	121
6月	10		13	126	15	123
7月	10		14	130	18	127
8月	10		12	132	20	135
9月	10		10	132	21	146
10月	10		8	130	22	160
11月	10		9	129	24	175
12月	10		8	127		
1月	10		7	124		
2月	10		8	122		
3月	10	120	8	120		

■ ② 年計グラフ（元データを折れ線グラフにする）

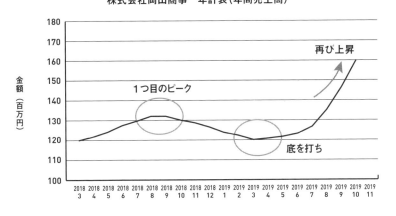

株式会社岡山商事　年計表（年間売上高）

①の12カ月累計データを折れ線グラフにしたのが②の「年計グラフ」です。

　ひと目見て、2018年8月、9月が1つ目のピークで、2019年3月、4月に底を打ち、5月から上昇に転じていることがわかります。もととなる累計データの数字がそのまま反映された形です。

	2017年度		2018年度		2019年度	
売上高	当月	累計	当月	累計	当月	累計
4月	10		11	121	11	120
5月	10		12	123	13	121
6月	10		13	126	15	123
7月	10		14	130	18	127
8月	10		12	132	20	135
9月	10		10	132	21	146
10月	10		8	130	22	160
11月	10		9	129	24	175
12月	10		8	127		
1月	10		7	124		
2月	10		8	122		
3月	10	120	8	120		

（単位：百万円）

【答え】2018/10月が売上の転換点で減少傾向に転じている。年次決算では、2019/5月でも、まだ気付けない。月次で手を打った上記事例では、2019/4月から反転攻勢。

　「年計グラフ」では、季節的な変動が消えて長期的な傾向がわかります。また、前年同月時点よりも数字が勝っているとグラフが上に傾き、負けていると下に傾くので、**前年との勝ち負けがひと目でわかる**という特徴もあります。

　これらは、すべて月次決算をしているからわかることです。もし、月次決算をしていなければどんなことになるでしょうか？　この会社が3月決算だとすると、2017年度の売上は1億2,000万円、2018年度の売上も1億2,000万円なので、「同じだったね」という結論になってしまいます。

　また、2019年度は期の途中なので、月次決算をしていなければ売上は

わかりません。「去年よりは調子がよさそうだ」というざっくりとした
ところしかわからなくなってしまいます。

　月次の数値は、「棒グラフ」で比較することも有用です。

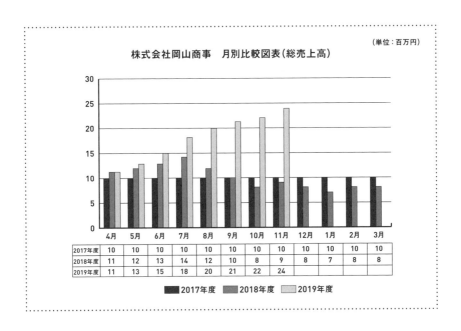

株式会社岡山商事　月別比較図表(総売上高)
(単位：百万円)

	4月	5月	6月	7月	8月	9月	10月	11月	12月	1月	2月	3月
2017年度	10	10	10	10	10	10	10	10	10	10	10	10
2018年度	11	12	13	14	12	10	8	9	8	7	8	8
2019年度	11	13	15	18	20	21	22	24				

■ 2017年度　■ 2018年度　□ 2019年度

　2019年度の業績が上向いているのはわかりますが、「年計グラフ」に
見られるような転換点まではわかりません。
　売上が上がるのには理由があります。また、売上が上げ止まるのに
も、下がるのにも理由があります。下がり止まって上がり始めるのも同
じように理由があり、必ず会社の中で「何かが起こっている」のです。
　その起きたことに気づき、その原因を追及して手を打つことによって
下がり始めたものを再び上げることも可能になります。
　もし、月次決算を組んで「年計グラフ」を作成していなければ、こう

した異常に、早期に気づくことはできないでしょう。

　この例で言えば、2018年7月で上がりかけていた売上が、なぜか頭打ちになっているのがわかります。これもまた、年次決算だけをやっていたのではわからなかったことでしょう。

　この例では月次決算をして「年計グラフ」を作成していたため、下がり始めに気づき手を打つことができました。手を打ったことの効果で2019年3月、4月には下がり止まり、さらに奏功して上がり始めたのです。

「年計グラフ」を活用することによって、転換点をいち早く知ることができ、迅速な経営上の打つべき手を打つことができるのです。「年計グラフ」はこのように、大変有用です。

　ここでは売上の例のみを紹介しましたが、実際に私が月次の経営会議に参加して経営コンサルティングをする場合、各利益や返品などのグラフも使いますし、商品のライフサイクルを知るために商品ごとの「年計グラフ」をつくったり、店舗別や、担当者別の売上の「年計グラフ」をつくったりもしています。その応用範囲はかなり広いと言えます。

　私の尊敬する一倉定先生は、この「年計グラフ」さえあればどんな会社のコンサルもこなしたと言われています。

　「年計グラフ」はExcelで簡単につくれるので、ぜひ活用してみてください。

5 経営理念に戦略の ベクトルを合わせる 「戦略マップ」

▶どんな素晴らしい経営理念があっても、財務の視点（利益）がないと絵に描いた餅

4つの視点で評価する「バランス・スコアカード」

戦略というのは、ともすると向かう方向がバラバラになりがちなものです。そのベクトルを経営理念に合わせるための1つの手法にボストン・コンサルティング・グループで開発された「バランス・スコアカード」というものがあります。

「バランス・スコアカード」は、次の4つの視点からチェックします。

①財務の視点
②お客様の視点
③業務プロセスの視点
④人材・システムの視点

これら4つの視点から経営戦略をバランスよく定め、評価していく仕組みです。

「経営理念」とは「なぜ、この会社が存在するのか」という会社の存在理由、会社の使命、社長の思いを言葉にしたものです。

ここにベクトルが向かうよう、4つの視点から評価します。

①財務の視点 …「会社の理念」の実現に必要な財務内容となっているか、「財務数値の目標」は妥当か

②お客様の視点 … ①の「財務数値の目標」を達成するための「お客様の要求」を満たすことができているか

③業務プロセスの視点 … ②の「お客様の要求」を満たすための、「内部体制」（業務内容、仕事のやり方や仕組み）が整っているか

④人材・システムの視点 … ③の「業務改善」に必要な人材を採用、育成、教育できているか

■「バランス・スコアカード（戦略マップ）」による戦略経営

バランス・スコアカード

ビジョンや戦略を実現するために4つの視点で重要な
目標をバランスよく定め、評価していく仕組み

経営理念・経営ビジョン ➡ 戦略マップ

↑ 財務の視点

↑ お客様の視点

↑ 業務プロセスの視点

↑ 人材・システムの視点

「SWOT分析」「クロスSWOT分析」で戦略を発想（後述）

「戦略マップ」はこうつくる

　これら４つの視点の因果関係を「見える化」するツールが「戦略マップ」です。「戦略マップ」は、４つの視点の戦略をカードや付箋に書き、因果関係に沿って並べてつくります。作成するときは、上から下へトップダウンでつくり、検証は下から上へボトムアップで行います。

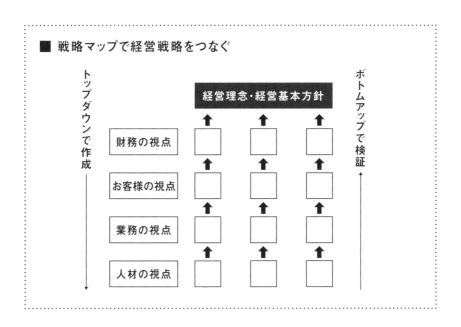

■ 戦略マップで経営戦略をつなぐ

　「下位の戦略目標が達成されれば、上位の戦略目標も達成できる」というふうに、因果関係でつないでいくのがポイントです。最終的にすべての戦略のベクトルが経営理念を達成する方向に向いているかどうかを検証しましょう。**「戦略マップ」が優れているのは、経営理念のすぐ下に「財務の視点」が位置している点**です。どれほど素晴らしい経営理念やビジョンがあっても、財務の裏付けがなければ実現することはできないからです。

6 全社の知恵を結集させる「クロスSWOT分析」

▶「SWOT分析」でどんどん発想する
▶「クロスSWOT分析」で戦略を練る

外部環境・内部環境を把握する「SWOT分析」

戦略を立てる手法としてよく使われるのが、「SWOT分析」と「クロスSWOT分析」です。

まず「SWOT分析」について説明します。「SWOT」とは、それぞれ次の頭文字をとったものです。

・会社の内部環境を見渡したときの「強み」　→　Strength
・会社の内部環境を見渡したときの「弱み」　→　Weakness
・会社の外部環境における「機会」　→　Opportunity
・会社の外部環境における「脅威」　→　Threat

内部環境、外部環境について客観的に分析し、それをどんどん書き出していくという手法です。

「SWOT分析」の結果を掛け合わせる「クロスSWOT分析」

「クロスSWOT分析」とは、「SWOT分析」の結果から得られた、

強み、弱み、機会、脅威を掛け合わせて分析し、戦略を立てていくというものです。

　掛け合わせのパターンとしては、次の4つになります。

① 「強み」と「機会」の相乗効果を狙うには？　【シナジー効果】
② 「弱み」を克服しつつ「機会」を活かすには？　【ピンチをチャンスに】
③ 「強み」を活かして「脅威」に対抗するには？　【長所伸展】
④ 「弱み」を克服し「脅威」に対抗するには？　【リスク管理】

　限られた経営資源を有効活用するためには、戦略の「選択と集中」が重要になります。「クロスSWOT分析」で導き出された戦略を、「戦略マップ」の「4つの視点」に当てはめていきましょう。各視点の戦略は3つ程度に絞り込み、戦略間の因果関係が成立する順に並べてください。

■ SWOT分析

強み(Strength)、弱み(Weakness)、機会(Opportunity)、脅威(Threat)を客観的に分析すること。

内部	強み(S)	弱み(W)

外部	機会(O)	脅威(T)

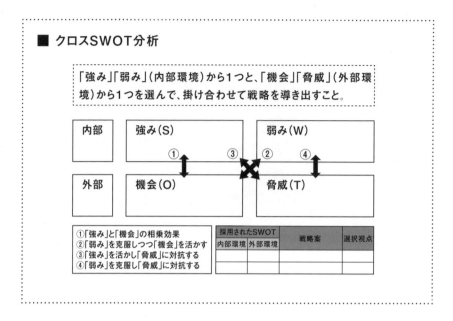

「KPI（重要業績評価指標）」で進捗管理する

「戦略マップ」や「SWOT分析」によって策定した戦略は、**「重要業績評価指標（KPI）」で進捗を管理**していきます。

ポイントは、**戦略を成功に導くための行動目標**（重要成功要因）**と、それによって達成される数値目標**（業績評価指標）**との連動性を持たせること**です。

また、それをさらに具体的な目標（アクションプラン）に落とし込み、**期日と担当を明確に定めること**が重要です。

■ KPI（重要業績評価指標）で進捗管理

お客様の視点（戦略）		お客様の視点（アクションプラン）		
戦略	重要成功要因	業績評価指標	目標	アクションプラン

　この進捗についても、毎月の経営会議で確認していきましょう。

付録

「経営力」の向上を
分析比率でチェック②

「経営力」をチェックするための、選りすぐりの分析比率を紹介

経営力分析					
収益性	5	5	5	－	15
生産性	5	5	－	－	10
成長性	5	5	5	－	15
CF	5	5	－	－	10
安全性	5	5	5	5	20
健全性	5	5	5	－	15
効率性	5	5	5	－	15
合計	35	35	25	5	100

各5点満点

成長性 ←今回

成長性①

売上高増加率＝当期売上高÷前期売上高×100

5点＝30％～	4点＝20％～	3点＝10％～
2点＝5％～	1点＝5％未満	

成長性②

経常利益増加率＝当期経常利益÷前期経常利益×100

5点＝30％～	4点＝20％～	3点＝10％～
2点＝5％～	1点＝5％未満	

成長性②

連続黒字＝前期（＋黒字、－赤字）・当期（＋黒字、－赤字）

5点＝＋・＋	4点＝なし	3点＝－・＋
2点＝＋・－	1点＝－・－	

前期と当期、ともに黒字が理想です。

第 **4** 章

利益を「お金」に残す
キャッシュフロー経営

「儲けた利益」はどこに消えたのか?
〜「未来デザインCF」の使い方〜

1 「キャッシュフロー計算書」は本当に役に立たない？

▶CFはつくりにくい、わかりにくい、シミュレーションしにくい
……でも役に立つのです

「儲けたお金の行き先」が解明できる

「未来決算書」という言葉を生み出した（商標登録されています）アタックスグループ著の『あなたの会社の3年後が見える 新しい決算書の教科書』（KADOKAWA）という良書があります。「未来デザインPL（その本では「利益改善図表」と呼ばれています）」と「未来デザインBS」について、とてもわかりやすく説明されていて、「私もこんなふうに書きたかった！」と思うほど、よくまとまった本です。

ところが、「キャッシュフロー計算書（CF）」については「キャッシュフロー計算書では未来を語れない」と書かれていて、「PL」や「BS」のように「使える決算書」にはなりにくい、と結論づけられています。

たしかに、「CF」は、①つくりにくい、②わかりにくい、③シミュレーションしにくい、の三拍子がそろっているので、一般的にはあまり活用されていない実感があります。

しかし私は、「CF」にはその欠点を補って余りあるメリットがあると思っていますし、実際にお客様との経営会議でフル活用しています。

では、「CF」を使って何ができるかを見ていきましょう。

次の図は、オリエンタルランドの2013年3月と2014年3月の簡略化
した「ＢＳ（要約ＢＳ）」です。

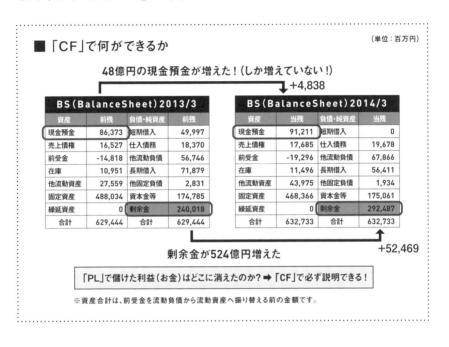

■「CF」で何ができるか

(単位：百万円)

48億円の現金預金が増えた！（しか増えていない！）

+4,838

BS（BalanceSheet）2013/3			
資産	前残	負債・純資産	前残
現金預金	86,373	短期借入	49,997
売上債権	16,527	仕入債務	18,370
前受金	-14,818	他流動負債	56,746
在庫	10,951	長期借入	71,879
他流動資産	27,559	他固定負債	2,831
固定資産	488,034	資本金等	174,785
繰延資産	0	剰余金	240,018
合計	629,444	合計	629,444

BS（BalanceSheet）2014/3			
資産	当残	負債・純資産	当残
現金預金	91,211	短期借入	0
売上債権	17,685	仕入債務	19,678
前受金	-19,296	他流動負債	67,866
在庫	11,496	長期借入	56,411
他流動資産	43,975	他固定負債	1,934
固定資産	468,366	資本金等	175,061
繰延資産	0	剰余金	292,487
合計	632,733	合計	632,733

剰余金が524億円増えた

+52,469

「PL」で儲けた利益（お金）はどこに消えたのか？ ➡「CF」で必ず説明できる！

※資産合計は、前受金を流動負債から流動資産へ振り替える前の金額です。

2013年3月と2014年3月の２つの「ＢＳ」のうち、最も注目すべき
は「負債・純資産」の一番下の欄の「剰余金」です。

2013年3月末に2,400億円だった「剰余金」は、１年後の2014年3
月末には2,924億円と、524億円増えています。

「剰余金」の増加は、正味の財産が増えたこと、そして最終的にはお金
が増えたことを表しています。

「剰余金」が524億円も増えているのですから、「現金預金」もドンと
増えそうなものですが、「現金預金」の残高を比較してみると、2013年
３月末が863億円であるのに対して、2014年3月末は912億円。48億円
の増加となっています。

　「剰余金」が524億円も増えているのに、「現金預金」は48億円しか増えていません。儲けたはずの利益がお金としては（524億円－48億円＝476億円）どこかに行ってしまったということです。

　それを説明できるのが、「キャッシュフロー計算書（ＣＦ）」です。

「ＣＦ」には、次の3点がどう関連しているかを明らかにする点に存在意義があります。

　①どうやって稼いだのか（営業ＣＦ）
　②どこへ投資したのか（投資ＣＦ）
　③どうやって調達・返済したのか（財務ＣＦ）

「間接法のCF計算書」を作成してみよう

▶なぜ、「間接法のCF計算書」なのか？
▶資産の増減だけ符号が逆？

「間接法」で「CF」をつくろう

「ＣＦ」のつくり方には「直接法」と「間接法」があります。

直接法の「ＣＦ」は、収入（現金預金の増加）と支出（現金預金の減少）の取引を１つひとつ集計する方法です。

「現金預金」の増減の内容がよくわかるというメリットがありますが、つくるのに多大な手間を要するというデメリットがあります。と言いますか、会社内部の人間が１年間かけてつくらないと無理です。

一方、間接法の「ＣＦ」は、直接法と比べて「現金預金」の増減の内容が直接法ほど詳しくわからないというデメリットがありますが、「ＢＳ」の勘定科目の残高の増減を利用するため、直接法よりはつくりやすいというメリットがあります。

「ＣＦ」は決算書さえあれば、会社内部の人間でなくても、これからみなさんと一緒に20分もあれば作成できます。

そのため、ここでは間接法による「ＣＦ」のつくり方を紹介します。

■「CF」のつくり方

| 直接法 | 現金預金の 収支取引 を集計する方法

◆収入…現金預金を増加させる取引
◆支出…現金預金を減少させる取引

【メリット】内容ごとによりよく把握できる
【デメリット】作成に手間がかかる（1取引2仕訳）

ex.社会福祉法人

| 間接法 | 「PL」の利益に「BS」の 残高の増減 を調整する方法
【メリット】作成に手間がかからない
【デメリット】取引内容ごとの金額が把握できない

【ステップ1】前期と当期の「要約BS」をつくる

　まず準備すべきは、前期と当期の2期分の「要約BS」です。

　これは2014年3月ですが、でき上がりはこのような体裁になります。

（単位：百万円）

┌─── 資金運用 ───┐　　┌─── 資金調達 ───┐

BS（Balance Sheet）2014/3

	資産	当残	負債・純資産	当残	
①	現金預金	91,211	短期借入	0	⑧
②	売上債権	17,685	仕入債務	19,678	⑨
③	前受金	-19,296	他流動負債	67,866	⑩
④	在庫	11,496	長期借入	56,411	⑪
⑤	他流動資産	43,975	他固定負債	1,934	⑫
⑥	固定資産	468,366	資本金等	175,061	⑬
⑦	繰延資産	0	剰余金	292,487	⑭
	合計	632,733	合計	632,733	

①～⑭の数字を、「制度会計のＢＳ」から拾ってきます。

同じ手順で、2013年3月の「要約ＢＳ」も作成してください。

■ 2013年3月「要約BS」の完成図

(単位：百万円)

BS（Balance Sheet）2013/3			
資産	前残	負債・純資産	前残
現金預金	86,373	短期借入	49,997
売上債権	16,527	仕入債務	18,370
前受金	-14,818	他流動負債	56,746
在庫	10,951	長期借入	71,879
他流動資産	27,559	他固定負債	2,831
固定資産	488,034	資本金等	174,785
繰延資産	0	剰余金	240,018
合計	629,444	合計	629,444

【ステップ2】「資産の部」と「負債・純資産の部」の差額を出す

次に「資産の部」と「負債・純資産の部」のそれぞれについて、2013年3月と2014年3月の差額を出していきます。

■「資産」の部の増減を求める

（単位：百万円）

■「負債・純資産」の部の増減を求める

（単位：百万円）

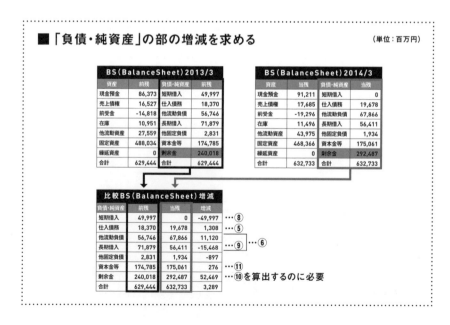

【ステップ3】「ＰＬ」から拾った数字と「ＢＳ」の増減から拾った数字を「ＣＦ」に転記する

⑩その他は配当、①の当期利益はあらかじめ配当を引いた金額となっていることをご承知おきください。

「ＣＦ」はスタートを「ＰＬの利益」、ゴールを「ＢＳのキャッシュの増減」としています。最初の２項目を「ＰＬ」から、残りを「ＢＳ」から数字を拾って埋めていきましょう。

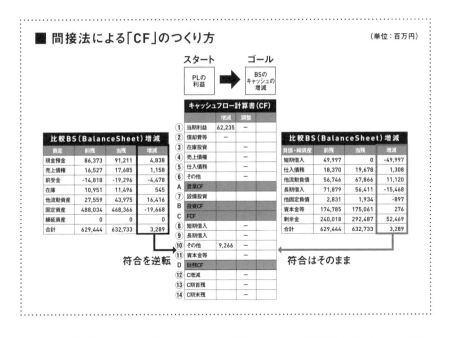

ここで注意していただきたいことがあります。**「資産の部」から転記するときは、「＋－の符号を逆にする」**ということです。つまり、金額が増加した際は－（マイナス）、減少した際は＋（プラス）で記載します。

では、①～⑭の数字の拾い方を順番に見ていきましょう。

①の「当期利益」は「ＰＬ」から、②の「償却費等」は「ＰＬ」に添付された「売上原価明細書」から数字を拾います（以下、オリエンタルランドの決算書より）。

①当期利益

■ 損益計算書

（単位：百万円）

	前事業年度 （自 2012年4月1日 至 2013年3月31日）	当事業年度 （自 2013年4月1日 至 2014年3月31日）
売上高	341,327	402,506
売上原価	256,959	289,116
売上総利益	84,367	113,389
一般管理費	13,612	14,185
営業利益	70,755	99,204
営業外収益		
受取利息及び配当金	3,761	2,134
雑収入	912	1,551
営業外収益合計	4,673	3,686
営業外費用		
支払利息	698	509
社債利息	944	614
社債償還損	249	2,761
雑支出	410	373
営業外費用合計	2,302	4,258
経常利益	73,126	98,632
税引前当期純利益	73,126	98,632
法人税、住民税及び事業税	25,770	35,473
法人税等調整額	△243	923
当期純利益	47,599	62,235 …①

②償却費等

売上原価明細書

(単位:百万円)

区分	注記番号	前事業年度 (自 2012年4月1日 至 2013年3月31日) 金額(百万円)	構成比 (%)	当事業年度 (自 2013年4月1日 至 2014年3月31日) 金額(百万円)	構成比 (%)
1. 商品売上原価					
商品期首たな卸高		5,022		7,167	
当期商品仕入高		52,747		62,854	
小計		57,770		70,022	
商品期末たな卸高		7,167		7,106	
		50,602	19.7	62,916	21.8
2. 飲食売上原価					
材料費					
材料期首たな卸高		388		427	
当期材料仕入高		16,912		20,922	
小計		17,301		21,349	
材料期末たな卸高		427		559	
		16,874		20,790	
人件費					
給料・手当		5,341		5,670	
賞与		465		476	
その他		847		914	
		6,654		7,062	
経費					
水道光熱費		599		677	
減価償却費		382		401	
その他		761		560	
		1,743		1,940	
		25,272	9.8	29,792	10.3
3. 人件費					
給料・手当		41,947		44,506	
賞与		6,070		6,672	
その他		7,697		8,126	
		55,715	21.7	59,607	20.6
4. その他の営業費					
営業資材費		11,217		12,988	
施設更新関連費		17,676		19,299	
エンターテインメント・ショー制作費		5,575		5,555	
業務委託費		8,082		9,666	
販促活動費		8,563		9,157	
ロイヤルティー		22,929		27,106	
租税公課		4,001		3,975	
減価償却費		32,597		32,986	
その他		13,834		16,062	
		125,368	48.8	136,800	47.3
合計		256,959	100.0	289,116	100.0

(注) 1. 構成比は、売上原価合計額を100%として算出しております。
2. 飲食売上原価は、実際総合原価計算によっております。

401 ＋ 32,986 ＝ 33,387

以下は、「比較ＢＳ増減」から数字を拾います。

③在庫投資：「資産の部」の勘定科目なので符号を逆転させて記入します（－545）。

④売上債権：「－売上債権＋前受金（－1,158 ＋ 4,478 ＝ 3,320)」で求めます。

⑤仕入債務：負債の部の「仕入債務」をそのまま転記します（1,308）。

⑥その他：「－他流動資産＋他流動負債＋他固定負債」で求めます。

－16,416 ＋ 11,120 ＋（－897）＝ －6,193　となります。

　①～⑥をトータルして「営業ＣＦ」の値を求めます（93,512……Ａ）。

　①62,235 ＋②33,387 ＋③－545 ＋④3,320 ＋⑤1,308 ＋⑥－6,193 ＝

93,512（Ａ）

⑦設備投資 …「－固定資産－繰延資産－減価償却費（②）」で求めます。

－（－19,668）－ 0 － 33,387 ＝ －13,719

「投資ＣＦ」の値は－13,719となります（Ｂ）。

（Ｃ）の「ＦＣＦ（フリーキャッシュフロー）」を「営業ＣＦ＋投資ＣＦ」

で求めます。　93,512 ＋（－13,719）＝ 79,793　となりました。

⑧短期借入金 …「負債の部」の数字をそのまま使います（－49,997）。

⑨長期借入金 …「負債の部」の数字をそのまま使います（－15,468）。

⑩その他 …「純資産の部」の「剰余金－当期利益」で求めます。

　52,469 － 62,235 ＝ －9,766

⑪資本金等 …「純資産の部」の数字をそのまま使います（276）。

　⑧～⑪をトータルして「財務ＣＦ」を求めます（Ｄ）。

　⑧－49,997 ＋⑨－15,468 ＋⑩－9,766 ＋⑪276 ＝ －74,955（Ｄ）

⑫キャッシュの増減：「資産の部」の「現金預金」の差額です（4,838）。

⑬キャッシュの期首残：「資産の部」の「前期現金預金」の額となります（86,373）。

⑭キャッシュの期末残：「資産の部」の「当期現金預金」の額となります（91,211）。

すべて埋めると、次のような表ができ上がります。

■「間接法によるCF」が完成　　　　　　　　　　　　　　（単位：百万円）

		増減	調整	CF	
①	当期利益	62,235	—	62,235	
②	償却費等	—	33,387	33,387	
③	在庫投資	-545	—	-545	
④	売上債権	3,320	—	3,320	
⑤	仕入債務	1,308	—	1,308	
⑥	その他	-6,193	—	-6,193	
	営業CF	60,125	33,387	93,512	(A)
⑦	設備投資	19,668	-33,387	-13,719	
	投資CF	19,668	-33,387	-13,719	(B)
	FCF	79,793	0	79,793	(C)
⑧	短期借入	-49,997	—	-49,997	
⑨	長期借入	-15,468	—	-15,468	
⑩	その他	-9,766	—	-9,766	
⑪	資本金等	276	—	276	
	財務CF	-74,955	—	-74,955	(D)
⑫	C増減	4,838	—	4,838	
⑬	C期首残	86,373	—	86,373	
⑭	C期末残	91,211	—	91,211	

キャッシュフロー計算書（CF）

「キャッシュフロー計算書」のエッセンスは小学校の算数

▶少し難しいがマスターすれば絶対に役立つ
▶複式簿記だからこそのなせるワザ

「間接法のCF」の意味するものとは?

「間接法のＣＦ」が、何を意味しているのかについて、説明していきます。

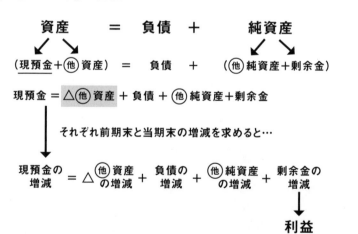

■「間接法のCF」の仕組み

$$資産 = 負債 + 純資産$$

$$(現預金+他資産) = 負債 + (他純資産+剰余金)$$

$$現預金 = \triangle 他資産 + 負債 + 他純資産 + 剰余金$$

それぞれ前期末と当期末の増減を求めると…

$$現預金の増減 = \triangle \frac{他資産}{の増減} + \frac{負債の}{増減} + \frac{他純資産}{の増減} + \frac{剰余金の}{増減}$$

利益

「資産（現預金＋その他資産）＝負債＋純資産（その他純資産＋剰余金）」

という等式が成り立つとき、「現預金」の額を求めるにはどうしたら
いいでしょうか？

「その他資産」の符号を逆転させて（この場合はマイナスにして）右辺に移
動させれば求めることができます。

現預金＝▲その他資産＋負債＋その他純資産＋剰余金

　この関係はそれぞれの時点の残高でも成り立っているので、その差額
である「増減」に置き換えたとしても成り立っています。そこで、次の
ようになります。

現預金 ＝ ▲ その他資産 ＋ 負債の ＋ その他純資産 ＋ 剰余金
の増減　　　 の増減　　 増減　　　 の増減　　　 の増減

「剰余金」の残高の増減が意味するものは「利益」です。

　ということは、この等式を90度左に回転させたものが、まさに間接
法の「ＣＦ」の形と同じになっているのです。まさに、複式簿記のなせ
るワザです。

　不思議な感じがするかもしれませんが、（現預金を除く）資産側のプラ
スマイナスを逆転させた増減、負債の増減、その他純資産の増減に剰余
金の増減（すなわち、利益）を足せば、必ず「現預金」の増減と一致する
ということです。

　これが、間接法の「ＣＦ」の意味するものです。基本的には、これで
「ＣＦ計算書」は完成です。ちなみに、私は「未来マスター講座」を行う
なかで、この説明をひらめいて、我ながら目からウロコだったので、万人
受けはしないかもしれませんが人によっては新たな発見となるはずです。

「減価償却費」を プラスする理由

▶「費用配分の原則」と「費用収益対応の原則」をマスター
▶自己金融効果までマスターすれば無敵

現金支出をともなわない経費「減価償却費」を足し戻す

「ＣＦ」には、「ＰＬ」の当期利益に「減価償却費」がプラス（調整）されています。その理由について説明していきます。

「減価償却費」というのは実際にお金が減少するわけではないけれども、固定資産の価値の減少を費用として認識する、というものです。

このように現預金の支出・支払が実際にないにもかかわらず、財産の減少（＝経済的事実）が発生した期間に、費用を計上する考え方を**「発生主義」**と言います。

「売上原価明細書」に計上された「減価償却費」の333億円は、お金の支出はないものの費用として認識されています。「ＰＬ」から引っ張ってきた「当期利益」の622億円は、この333億円の「減価償却費」を引いた後のものです。

「ＣＦ」はあくまでも「実際のお金の動き」を知るためのものなので、現金支出をともなわない「減価償却費」333億円を足し戻すというわけです。**「当期利益＋減価償却費」**は「簡易ＣＦ」と呼ばれ、金融機関が融資の返済原資として注目するのもこの金額です。オリエンタルランドの例で言えば、「当期利益（622億円）＋減価償却費（333億円）＝955億

円」が「簡易ＣＦ」として返済原資になるという見方をされます。

投資されたお金は、減価償却を通じてキャッシュとなって戻ってくる

　減価償却には、投資したお金が「減価償却費」の金額、つまりは投資金額と同額溜まる効果（自己金融効果）があります。

　たとえば、120万円の備品を購入したとしましょう。お金はたしかに120万円流出していますが、初年度にその全額を経費とすることはできません。その備品を使える期間（耐用年数）が４年だとしたら、使用できる期間で費用按分して経費にすることになっています。これを「**費用配分の原則**」と言います。

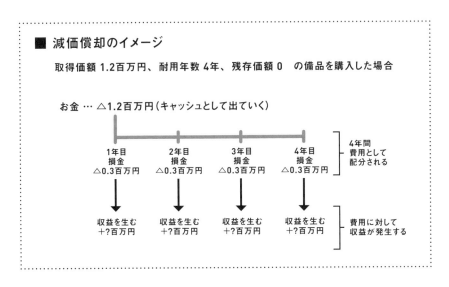

　この例で言えば、１年目から４年目までそれぞれ30万円ずつが費用（損金）となります。この30万円の減価償却は、費用として計上されますが、現金支出をともないません。そのため、減価償却費の分、企業に

現金が溜まっていきます。

　つまり、固定資産が事業のために活躍した分の減価償却に対応したお金は、収益（売上）を通じて必ず回収されるということになります。このように、**「費用収益対応の原則」**がイメージできると、**投資されたお金は減価償却を通じて必ずキャッシュとなって戻ってくる**ことがわかります。これが、減価償却の**「自己金融効果」**です。

　回収できないのであれば、そのような投資は本来するべきではありません。回収ができないことがわかった時点で費用配分する意味がなくなるので、損失（費用）として落とすことになります。これが**「減損損失」**という考え方につながっていくことにもなります。

「未来デザインCF」のメリット

▶「制度会計のCF」のデメリットを徹底的に排除
▶一覧性と明瞭性を追求

一覧性と明瞭性に富む「未来デザインCF」

作成した「CF」は、最終的に下のようなフォーマットに落とし込むことで、「未来デザインCF」ができ上がります。

■ オリエンタルランドの「未来デザインCF」　（単位：百万円）

未来デザインCF 2013/4〜2014/3			
当期利益	62,235	FCF	79,793
償却費等	33,387	短期借入	-49,997
在庫投資	-545	長期借入	-15,468
売上債権	3,320	その他	-9,766
仕入債務	1,308	資本金等	276
その他	-6,193	財務CF	-74,955
営業CF	93,512	C増減	4,838
設備投資	-13,719	C期首残	86,373
投資CF	-13,719	C期末残	91,211

オリエンタルランドが公表している「制度会計のCF」と比べてみま

しょう。ただし、子会社との連結の「ＣＦ」なので、オリエンタルランド単体のものとは数字が異なります。あくまで様式を比べてみてください。

■ オリエンタルランドの「連結CF計算書①」

【制度会計のキャッシュフロー計算書】　　　　　　　　　　　　　　（単位：百万円）

	前連結会計年度 （自 2012年4月1日 至 2013年3月31日）	当連結会計年度 （自 2013年4月1日 至 2014年3月31日）
営業活動によるキャッシュ・フロー		
税金等調整前当期純利益	80,867	112,671
減価償却	36,131	36,934
のれん償却額	－	247
引当金の増減額（△は減少）	△166	△83
退職給付に係る負債の増減額（△は減少）	－	△2,060
受取利息及び受取配当金	△753	△874
支払利息	1,673	1,161
為替差損金（△は益）	19	12
持分法による投資損益（△は益）	△103	△112
社債償還損	249	2,761
売上債権の増減額（△は増加）	△1,270	△1,415
たな卸資産の増減額（△は増加）	△2,652	△373
仕入債務の増減額（△は減少）	3,136	1,987
未払消費税等の増減額（△は減少）	△198	1,289
その他	4,439	2,913
小計	121,372	155,060
利息及び配当金の受取額	755	982
利息の支払額	△1,761	△927
法人税等の支払額	△28,383	△34,440
営業活動によるキャッシュ・フロー	91,982	120,674
投資活動によるキャッシュ・フロー		
定期預金の預入による支出	△94,500	△70,000
定期預金の払戻による収入	95,500	68,000
有価証券の取得による支出	△3,499	－
有価証券の償還による収入	3,499	700
有形固定資産の取得による支出	△23,310	△18,594
有形固定資産の売却による収入	8	19
投資有価証券の取得による支出	△2,751	△690
連結の範囲の変更を伴う子会社株式の取得による支出	△366	－
貸付けによる支出	△17,502	△2
貸付金の回収による収入	196	85
その他	△2,651	△2,874
投資活動によるキャッシュ・フロー	△45,377	△23,356

■ オリエンタルランドの「連結CF計算書②」

(単位:百万円)

	前連結会計年度 (自 2012年4月1日 至 2013年3月31日)	当連結会計年度 (自 2013年4月1日 至 2014年3月31日)
財務活動によるキャッシュ・フロー		
長期借入れによる収入	ー	3,783
長期借入金の返済による支出	△15,556	△19,353
社債の償還による支出	△10,249	△52,761
配当金の支払額	△9,150	△9,991
自己株式の取得による支出	△0	ー
長期未払金の返済による支出	△5	△5
その他	446	459
財務活動によるキャッシュ・フロー	△34,515	△77,868
現金及び現金同等物に係る換算差額	△18	△14
現金及び現金同等物の増減額(△は減少)	12,071	19,434
現金及び現金同等物の期首残高	48,511	60,582
現金及び現金同等物の期末残高	60,582	80,017

「制度会計のCF」は数字の羅列に終始しており、2枚にわたっているため、わかりづらいものになっています。

　一方で、「未来デザインCF」は1枚にすっきりまとめられており、「制度会計のCF」で細かく分類されている勘定科目を必要最低限に絞ったことで、一覧性・明瞭性という点で非常に優れています。

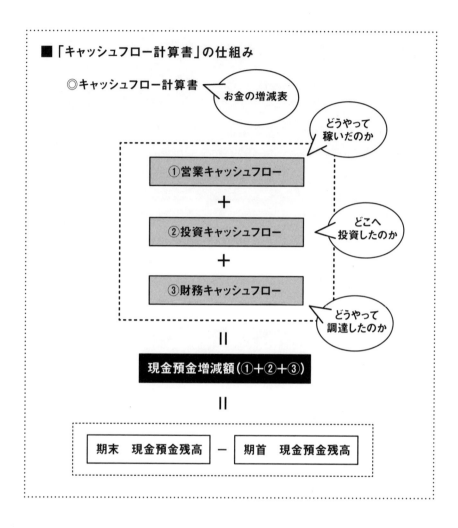

■「キャッシュフロー計算書」の仕組み

◎キャッシュフロー計算書　　お金の増減表

どうやって
稼いだのか

①営業キャッシュフロー

＋

②投資キャッシュフロー　　どこへ
投資したのか

＋

③財務キャッシュフロー　　どうやって
調達したのか

＝

現金預金増減額（①＋②＋③）

＝

期末　現金預金残高　－　期首　現金預金残高

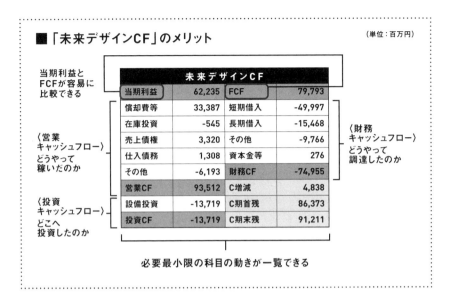

■「未来デザインCF」のメリット

(単位：百万円)

未来デザインCF			
当期利益	62,235	FCF	79,793
償却費等	33,387	短期借入	-49,997
在庫投資	-545	長期借入	-15,468
売上債権	3,320	その他	-9,766
仕入債務	1,308	資本金等	276
その他	-6,193	財務CF	-74,955
営業CF	93,512	C増減	4,838
設備投資	-13,719	C期首残	86,373
投資CF	-13,719	C期末残	91,211

当期利益と
FCFが容易に
比較できる

〈営業
キャッシュフロー〉
どうやって
稼いだのか

〈投資
キャッシュフロー〉
どこへ
投資したのか

〈財務
キャッシュフロー〉
どうやって
調達したのか

必要最小限の科目の動きが一覧できる

　図の左側に「営業ＣＦ」と「投資ＣＦ」を、図の右側に「財務ＣＦ」と「キャッシュの増減」をコンパクトにまとめたことにより、非常にわかりやすくなっています。

　また、「ＣＦ」の中では重要な指標とされている「ＦＣＦ（営業ＣＦ＋投資ＣＦ）」を、当期利益と同じ行に並べて見せることで、「当期利益がどれだけＦＣＦとして残っているか」が一目瞭然でわかるようにもなりました。

　オリエンタルランドの例で言えば、「当期利益622億円が、『ＦＣＦ』として797億円確保されていること」がわかります。

「未来デザインCF」はシート全体に大きな意味がある

「未来デザインＣＦ」は単体で見てもさまざまな情報が得られますが、シート全体を見ることで、よりわかりやすくなっています。

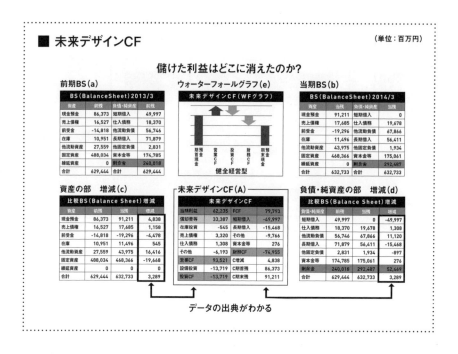

　下段中央に「未来デザインＣＦ」（Ａ）があり、その左右に「未来デザインＣＦ」作成の根拠となった、前期と当期の「資産の部の増減」（ｃ）と「負債・純資産の部の増減」（ｄ）が配置してあります。

　「未来デザインＣＦ」は残高の増減だけで表現されているので、これだけを見ても意味がわからないという人も少なくありません。また、資産の部の符号が逆転していることもあり、わかりにくくなるというデメリットがあります。そのため、差額のもとになった数字（前期と当期の増減の過程）を並べることで理解しやすくなります。さらに、上段には元データとなる前期の「ＢＳ」（ａ）と当期の「ＢＳ」（ｂ）をそれぞれ配置します。上段真ん中にある「ウォーターフォールグラフ」（ｅ）は、会社のキャッシュフローがどういう状態なのかをグラフで視覚的にわかりやすくしたものです。

6 「CF計算書」の読み方をマスターしよう

▶「BS」残高の増減がどのようにお金に影響を与えているのか

キャッシュフローに影響を与えるもの

　各勘定科目の残高の増減が、どのようにキャッシュフローに影響を与えるのか説明をします。用語集っぽいかもしれませんが、これが経営上の「打ち手（戦略）」につながるものなので、ある意味「ＣＦ計算書」の肝となる部分となります。ぜひしっかりとマスターしてください。

営業CF

【売掛金】

「売掛金」とは、商品やサービスを提供して売上が生じたにもかかわらず、キャッシュの回収がまだされていない状態です。得意先に信用を貸している（＝お金を貸している）状態であり、**得意先への「貸付金」とも言えます。**

　すなわち「売掛金」の残高が増加するということは、「貸付金」の残高が増加することと同じです。「貸付金」の残高が増加すれば当然お金は減るので、キャッシュフローにはマイナスの影響を与えます。

　逆に「売掛金」の残高が減少するというのは、「貸付金」の残高が回収

されたことと同じなので、その分キャッシュが増加することになります。

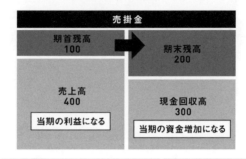

■「営業CF」の読み方（売掛金の場合）

売掛金

| 期首残高 100 | → | 期末残高 200 |

売上高 400
当期の利益になる

現金回収高 300
当期の資金増加になる

【ポイント①】
売掛金は得意先への「貸付金」と考える

売掛金の増加 ➡ 貸付金の増加 ➡ CFの減少
売掛金の減少 ➡ 貸付金の回収 ➡ CFの増加

【買掛金】

「買掛金」は売掛金とは逆に、商品やサービスを購入した代金をいまだ支払っていない状態です。仕入先から信用を与えられているので、まさに「借入金」と言えます。

こう考えると、「買掛金」の残高が増加するというのは、「借入金」の残高が増加するのと同じことがわかります。キャッシュを借りたのと同じなので、キャッシュフローにはプラスの影響を与えることになります。

逆に「買掛金」の残高が減少すると、「借入金」を返済したのと同じことなのでキャッシュが減少することになります。

■「営業CF」の読み方（買掛金の場合）

買掛金	
期末残高 200 ←	期首残高 100
現金支払高 200 当期の資金減少になる	仕入高 300 当期の費用になる

【ポイント②】
買掛金は仕入先からの「借入金」と考える

買掛金の増加 ➡ 借入金の増加 ➡ **CFの増加**
買掛金の減少 ➡ 借入金の返済 ➡ **CFの減少**

【商品在庫】

「商品在庫（棚卸資産）」は売れるまでの間、キャッシュ化できません。つまり「商品在庫」があるというのは、**「お金が寝ている状態」**と同じことなのです。

「商品在庫」が増加するというのは、お金がさらに眠ることなので、キャッシュは減ります。

逆に「商品在庫」が減少すると、商品が売れてお金が回収できる（＝寝ていたお金が起きる）ということなので、キャッシュが増加することになります。

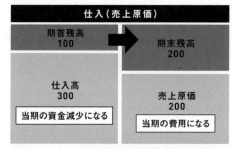

■「営業CF」の読み方（商品在庫の場合）

仕入（売上原価）

期首残高 100 → 期末残高 200

仕入高 300
当期の資金減少になる

売上原価 200
当期の費用になる

【ポイント③】
商品在庫は「お金が寝ている」と考える

在庫の増加 ➡ お金が寝ている ➡ CFの減少
在庫の減少 ➡ 寝ていたお金の回収 ➡ CFの増加

投資CF

「固定資産」が増えると、「固定資産の増加＝購入」ということなので当然、お金は減少します。逆に「固定資産」が減ると、「固定資産の減少＝売却」ということになるのでお金は増加します。

「固定資産」については、前に述べたように減価償却による減少がありますが、「投資CF」では単純に「固定資産」が増加したらキャッシュは減る、減少すればキャッシュは増えると考えます。

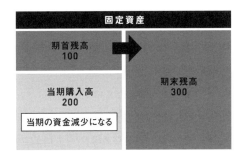

■「投資CF」の読み方（固定資産投資の場合）

固定資産

期首残高
100

期末残高
300

当期購入高
200

当期の資金減少になる

固定資産の増加 ➡ 固定資産の購入 ➡ CFの減少
固定資産の減少 ➡ 固定資産の売却 ➡ CFの増加

財務CF

　「財務ＣＦ」については、「借入金の増加＝新規の借入金」を意味します。つまり、お金が入ってきてキャッシュは増加するということです。逆に「借入金の減少＝借金を返済した」ということなので、「借入金」が減るとキャッシュフローは減少することになります。

■「財務CF」の読み方（借入金の場合）

7 「儲けた利益は どこに消えたのか?」を読み取る

▶オリエンタルランドの場合、借入返済、設備投資、配当……

プラスやマイナスの「大きな数字」から順番に見ていくのがコツ

　各勘定科目の増減がキャッシュに与える影響を理解できたところで、オリエンタルランドの「未来デザインCF」を見て、儲けた利益がどこに消えたのかを考えてみましょう。

■ 儲けた利益はどこに消えたのか?

(単位:百万円)

BS(BalanceSheet)2013/3

資産	前残	負債・純資産	前残
現金預金	86,373	短期借入	49,997
売上債権	16,527	仕入債務	18,370
前受金	-14,818	他流動負債	56,746
在庫	10,951	長期借入	71,879
他流動資産	27,559	他固定負債	2,831
固定資産	488,034	資本金等	174,785
繰延資産	0	剰余金	240,018
合計	629,444	合計	629,444

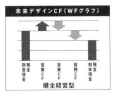

未来デザインCF(WFグラフ)

健全経営型

BS(BalanceSheet)2014/3

資産	当残	負債・純資産	当残
現金預金	91,211	短期借入	0
売上債権	17,685	仕入債務	19,678
前受金	-19,296	他流動負債	67,866
在庫	11,496	長期借入	56,411
他流動資産	43,975	他固定負債	1,934
固定資産	468,366	資本金等	175,061
繰延資産	0	剰余金	292,487
合計	632,733	合計	632,733

比較BS(BalanceSheet)増減

資産	前残	当残	増減
現金預金	86,373	91,211	4,838
売上債権	16,527	17,685	1,158
前受金	-14,818	-19,296	-4,478
在庫	10,951	11,496	545
他流動資産	27,559	43,975	16,416
固定資産	488,034	468,366	-19,668
繰延資産	0	0	0
合計	629,444	632,733	3,289

未来デザインCF

当期利益	62,235	FCF	79,793
償却費等	33,387	短期借入	-49,997
在庫投資	-545	長期借入	-15,468
売上債権	3,320	その他	-9,766
仕入債務	1,308	資本金等	276
その他	-6,193	財務CF	-74,955
営業CF	93,521	C増減	4,838
設備投資	-13,719	C期首残	86,373
投資CF	-13,719	C期末残	91,211

比較BS(BalanceSheet)増減

負債・純資産	前残	当残	増減
短期借入	49,997	0	-49,997
仕入債務	18,370	19,678	1,308
他流動負債	56,746	67,866	11,120
長期借入	71,879	56,411	-15,468
他固定負債	2,831	1,934	-897
資本金等	174,785	175,061	276
剰余金	240,018	292,487	52,469
合計	629,444	632,733	3,289

【問い】オリエンタルランドの2014年3月期、「儲けた利益はどこに消えたのか?」説明してみてください。
①短期借入の減少(社債の返済)約500億円、②長期借入の減少(返済)154億円、③設備投資の増加137億円、④その他の財務CFの減少(配当)97億円、⑤その他の流動資産(有価証券)の増加164億円。

183

　オリエンタルランドでは、2014年3月期に622億円も利益が計上されたにもかかわらず、キャッシュは48億円しか増えませんでした。いったい、何が起こって、差額の574億円もの利益はどこに消えたのでしょうか？

「未来デザインＣＦ」から解明していきましょう。

　プラスやマイナスの最も大きな数字から順番に見ていくのがコツです。ここでは、「未来デザインＣＦ」から大きく5つの理由が見えてきます。

①短期借入金

　最も大きな数字は「短期借入金」の－500億円です。

　決算書（貸借対照表）までたどって見ると、社債が減少していることがわかります。

　オリエンタルランドでは、この1年のうちに社債を償還したことによってキャッシュが500億円減ったことが見て取れます。

②長期借入金

　2番目に大きな数字は「長期借入金」の－154億円です。考え得るのは元金の返済でしょう。

「長期借入金」の元金返済をしたことが154億円のキャッシュの減少につながったことがわかります。

③設備投資

　3番目は設備投資です。「投資ＣＦ」の「設備投資」が－137億円となっています。アトラクションなどの「設備投資」が目に浮かびます。

④株主配当

4番目に大きな数字は「財務ＣＦ」の「その他」の－97億円です。

これは「ＢＳ」からはわかりにくいですが、本書で何度か説明したように「株主配当」になります。株主に約97億円の配当をしたことによりキャッシュが減少しています。

⑤営業ＣＦの「その他」

5番目は「営業ＣＦ」の「その他」の－61億円です。

ここは「他流動資産＋他流動負債＋他固定負債」の３つを足した数字です。この中で最も数字が大きいものを探っていくと、「他流動資産」が164億円増えていることがわかります。

つまり、「他流動資産」に164億円を使ったためにキャッシュが減ったということです。そこで「貸借対照表（ＢＳ）」をさかのぼって見たところ、有価証券を購入したことがわかりました。

164億円の短期的な有価証券への投資をして、お金が減ったということです。ある意味、いつでも換金できそうな資産ですので、実質当期のキャッシュ増だったと考えられます。

以上のように、955億円生まれた「簡易ＣＦ」は、これら５つの原因で1,052億円ものキャッシュを減少させる経営活動を行っていたことで、現金預金は48億円しか増えていなかったのです。

これらのことは、「貸借対照表（ＢＳ）」と「損益計算書（ＰＬ）」からはわかりません。「キャッシュフロー計算書（ＣＦ）」をつくることによって、初めて明らかになることと言えます。

どこに手を打てば
お金を残せるか？

▶資産科目は、残高を減少させる
▶負債科目は、残高を増加させる

会社にお金を残すための「経営の打ち手」

「未来デザインＣＦ」を見て、どこに手を打つと会社にお金を残すことができるのかを考えていきましょう。

具体的には、それぞれの勘定科目の残高をプラスにするのがいいのか、マイナスにするのがいいのか、そうするためにはどんな手を打てば

■ どこに手を打てばお金を残せるか

（単位：百万円）

未来デザインCF			
当期利益	62,235	FCF	79,793
償却費等	33,387	短期借入↑	-49,997
在庫投資	-545	長期借入↑	-15,468
売上債権↓	3,320	その他↓	-9,766
仕入債務↑	1,308	資本金等↑	276
その他↓↑	-6,193	財務CF	-74,955
営業CF	93,512	C増減	4,838
設備投資↓	-13,719	C期首残	86,373
投資CF	-13,719	C期末残	91,211

いいのかを考えていきます。

営業CF

【在庫投資】

在庫（棚卸資産）は減らしていくことでお金を残すことができます。では、どうすれば減らすことができるのでしょうか？

①仕入政策を見直す

仕入の仕方を見直して、ムダなものを仕入れないとか、トヨタのカンバン方式のように**必要なものだけを仕入れる**という形で、最初の入り口をしっかり押さえることが大切です。

②適正在庫を検討する

すでに不良在庫、不動在庫になってしまっているものがある場合は、早いうちに値引きなどしてでも売ってしまいましょう。**早期に売却する**ことによって、多少損益上の損が出たとしても、キャッシュとして回収することが可能になります。

【売上債権】

売上債権は減少させることでキャッシュが増えます。**売上債権を減少させる手法**を考えてみましょう。

①売掛金の早期回収

得意先との**回収条件の見直し交渉**が必要ですが、長年の慣習ということもあるので、簡単にはいかない可能性があります。

　もし、既存の顧客との回収条件の見直しが難しければ、新規の顧客については売掛金の早期回収ができるような契約条件を提示するといった方策が考えられます。

②長期滞留している債権の回収

　営業マンの意識を高めたり、場合によっては弁護士を活用したりしながら、売掛金の早期回収を図っていきます。

③前受金ビジネスの導入

　オリエンタルランドの「売上債権」の中味は、「売掛金」と「前受金」となっています。「前受金」の具体例としては、年間パスポートが目に浮かんできます。このように、先にお金をもらうような形を探っていくことで、「売上債権」を減少させてキャッシュを生んでいくことができます。

【仕入債務】

「仕入債務」は増加させることでキャッシュが増えます。

①支払サイトを長くする

　基本的には支払条件を見直してサイトを延ばし、ゆっくり払えるものはゆっくり払います。

②残高を増加させる

「仕入債務」には支払手形が含まれています。最近は手形を扱わない会社も多いですが、手形を発行することによってお金を生むことができます。

ただし、手形を発行することで不渡りのリスクを負うことにもなります。不渡りとは、発行した手形が落とせない（＝残高が少なくて引き落としができない）状態のことで、２回不渡りを出してしまうと銀行取引停止となって倒産の要因をつくることになってしまいます。実務的にはあまりおすすめできない方法ではありますが、理論的には「手形を発行してキャッシュを増やす」ことは可能です。

【その他】

①その他の流動資産、その他の固定資産の場合

「仮払金」とか「立替金」という科目になりますが、実質的には「貸付金」の状態になっていることがあります。その中には不良債権化しているものもあるので、科目の内訳を明らかにして不良債権化しているものは徹底排除し、残高を減らしていきましょう。実質的に「貸付金」の状態にあるものは、残高を減らすことでキャッシュを回収することができます。

　売上債権と同様、滞留しているものについては弁護士の活用も検討すべきでしょう。

②その他の流動負債の場合

「未払金」とか「預り金」という科目になりますが、これらは「なるべくゆっくり払う」のが鉄則です。

　たとえば、今すぐ現金で支払ったりするのではなく、法人用のクレジットカードを使って少しでも支払いを遅らせて未払金の状態をつくり出します。こうすることでその他の負債が増加し、多少なりともお金（現預金）が生まれてきます。

投資CF

「投資ＣＦ」については、単純にお金を「生む・生まない」というよりは「コントロールしていくもの」になります。

【設備投資】
①計画的な設備投資

設備投資は将来に向かっての会社の原動力になる、非常に大切な部分です。その一方で、無謀な設備投資をすると資金がひっ迫して倒産の原因にもなるものです。

「財務ＣＦ」とのバランスを考慮しながら、計画的な設備投資をしなければいけません。

②遊休資産の売却

もし、遊休資産があるのであれば売却を検討しましょう。キャッシュフローを生む可能性があります。

③設備投資が現金購入・リース・ローンのいずれが得かを見極める

現金購入・リース・ローンの３つの選択肢のうち、どれがベストかは一概には言えません。金利やリース料を払わずに済む現金購入が得なことはたしかですが、お金に余裕がない場合は、金利やリース料を払ってでも設備投資を急いだほうがいい場合もあります。どちらが会社にとってベターなのかを見極めましょう。

財務CF

①借入計画の見直し

　新規借入と返済のバランスがとれているかどうか、随時見直しするようにしましょう。

②早めの資金調達

　中小企業は、十分な軍資金を持っていないことが少なくありません。借入計画とも絡めて、早めの資金調達を行うようにしましょう。

③借りたお金を早く返そうとしない

　無借金経営を望むあまり、返済を急ぐ会社もよく見られます。それによって運転資金をひっ迫させることがままあるので、借りたお金はゆっくり返すようにしてください。

④「財務ＣＦ」はマイナスにする

　無借金経営を目指しつつ、少しずつ返済を進めていくので、基本的に「財務ＣＦ」はマイナスになります。無借金経営に向けて計画的に返済していくことが大事です。その原資となるのは、基本的には利益です。税引後の利益でもって返済していく、そのコントロールをうまくやっていきましょう。

9 社長の打つべき手は 8パターン

▶営業CF(2)×投資CF(2)×財務CF(2)＝8パターンで 「企業のライフサイクル」が見える

「企業のライフサイクル」で「CF」のパターンは変わる

　期首から期末の「現金預金」の増減は、「営業ＣＦ」「投資ＣＦ」「財務ＣＦ」の３つにグルーピングされて、「ＣＦ」で表現されています。健全な経営がなされていれば、「営業ＣＦ」でお金を生み、「投資ＣＦ」でお金が減り、「財務ＣＦ」で借入を返済していくことになります。

　「ＣＦ」を図表化して上向きの↑と下向きの↓で説明するものを「ウォーターフォールグラフ（滝グラフ、ＷＦグラフ）」と呼びます。

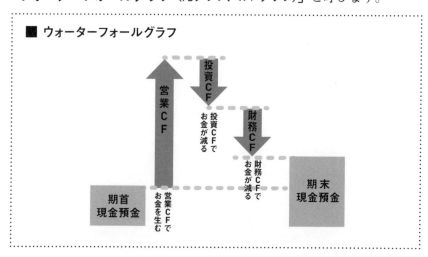

■ ウォーターフォールグラフ

「営業ＣＦ」「投資ＣＦ」「財務ＣＦ」、それぞれにプラスの場合とマイナスの場合があるので、組み合わせると「ウォーターフォールグラフ」には２×２×２で８通りのパターンがあることになります。

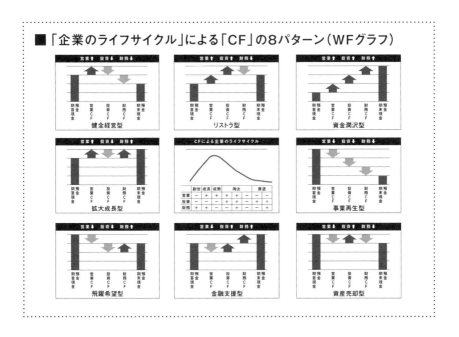

■「企業のライフサイクル」による「ＣＦ」の8パターン（WFグラフ）

自社がどの「ウォーターフォールグラフ」のパターンかを認識することで、会社がどんな状況にあるかがわかります。

また、企業には創成期、成長期、成熟期そして衰退期がありますが、それぞれの時期に出現しやすい「ＣＦ」のパターンがあります。

では、「ＣＦ」がどの組み合わせになっているか、どの時期の企業に出現しやすいかに着目して順番に説明していきます。

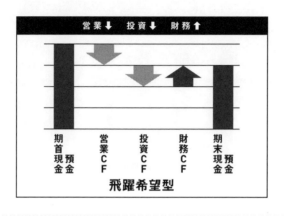

事業がスタートしたばかりの時期や、衰退期で一発逆転を狙う企業に見られるパターンです。

「営業ＣＦ」がマイナスなのは、売上の急拡大で売上債権や在庫が膨らんで営業資金が不足するためです。なおかつ設備投資が活発なため、「投資ＣＦ」もマイナスになります。それらの現金支出を借入などで補っているので、「財務ＣＦ」はプラスになります。

■ ②拡大成長型…営業⬆ 投資⬇ 財務⬆

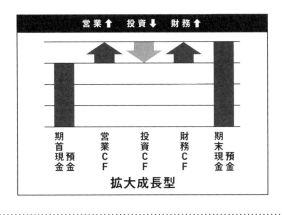

「飛躍希望型」の次の段階で出現しやすいのがこのパターンです。

　本業で稼げるようになってきているので、「営業ＣＦ」がプラスに転じます。しかし、お金を借りながらどんどん投資をしていっているので、「投資ＣＦ」はマイナス、「財務ＣＦ」はプラスとなります。

「成長期」によく現れるパターンとも言えます。

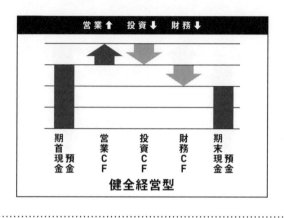

本業で稼いだお金で設備投資を行い、かつ資金を返済するという、**業績がよく、成熟した企業に見られるパターン**となります。

「営業ＣＦ」がプラスの状態で、さらなる設備投資を行っているため「投資ＣＦ」はマイナスになります。しっかり借入金の返済ができているので「財務ＣＦ」はマイナスとなります。

8つのパターンのうち、**最もオーソドックスで望ましい形**です。

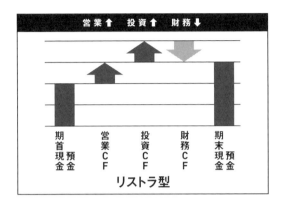

コスト削減で収益性を高めているため「営業ＣＦ」がプラス、遊休資産の売却でお金を生んでいるため「投資ＣＦ」がプラス、借入の返済を進めているため「財務ＣＦ」はマイナスというパターンです。

リストラ過程にある企業に見られるパターンです。

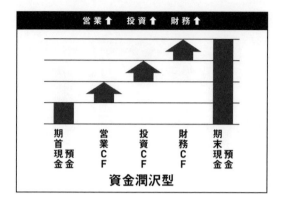

「ＣＦ」のすべてがプラスになっているパターンです。

　これはどういう状態かと言うと、資産を売却しながら本業で現金を稼ぎ出し、かつ借入等で資金調達をするという、まれな状態です。

　お金だけで見るとよさそうに見えますが、そうとも言い切れません。望ましいのは設備投資をして（「投資ＣＦ」がマイナス）、借金も返していく（「財務ＣＦ」がマイナス）ことなのですが、このパターンではなぜか設備を売却し、お金も借りていて、本業でも稼げています。

　お金がどんどん生まれてきてはいるのですが、「いったい、企業としてどこへ向かおうとしているのだろう？」というような不思議な形になっています。

　一般的には、**次に何かをしようとしているときに現れるキャッシュフローのパターン**と言われています。

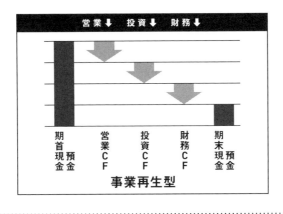

■⑥事業再生型…営業⬇ 投資⬇ 財務⬇

「CF」の全部がマイナスになっているパターンです。**資金的にかなり
危機的な状況**です。手元資金で食いつないでいるため、その資金がなく
なると一気に衰退するでしょう。

　じつはこのパターンは、「健全経営型」とたった1つだけ違うところ
があることにお気づきでしょうか？　「健全経営型」ではプラスになっ
ている「営業CF」が、このパターンではマイナスになっています。
「営業CF」がマイナスになると、理想的な「健全経営型」からいきな
り「事業再生型」に陥ってしまうということです。

　逆に言えば、「営業CF」をプラスにできさえすれば、また「健全経
営型」に戻ることができます。

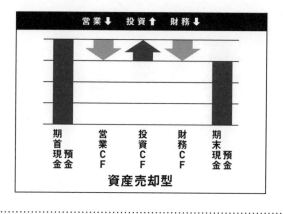

これは「営業ＣＦ」がマイナスなので、**本業では資金を稼ぎ出せなくなり、資産売却などで営業活動を行っているパターン**です。借金は返すことができています。

　何とか「営業ＣＦ」をプラスにしようと、資産を売却しながら、もがいている状態が「資産売却型」になります。

■ ⑧金融支援型…営業 ⬇ 投資 ⬆ 財務 ⬆

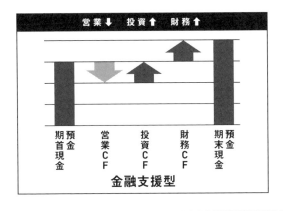

　本業がマイナスで、本来、設備投資をしたり、借金を返したりしていかなければいけないところ（マイナスにならなければいけないところ）がプラスになっています。

　資産売却や借入などで本業のロスを補っている状態です。**銀行など金融機関からの資金繰り支援がカギを握っているパターン**です。

　銀行からお金を貸してもらうことによって何とか食いつないでいる状態なので、まさに「金融支援型」と言えます。

「未来デザインCF」 ならば粉飾決算も 見抜ける

▶中小企業、上場企業の代表的な手口を大公開

「未来デザインCF」は異常な数値に気づきやすい

「未来デザイン決算書」は、粉飾決算を見抜くのにも役に立ちます。

「未来デザインPL」では「儲けの構造＝ビジネスモデル」が浮き彫り
になります。ビジネスモデルというのは急に変えることができません。
粉飾決算は、本当は利益が出ていないのに利益が出ているように決算書
を飾っていくわけですが、ビジネスモデルは急に変わらないので**数字が
不自然になるのです。**

「未来デザインPL」で浮き彫りになった「儲けの構造」が急激に変化
したとき、「自分が知っている情報と噛み合っていない。何かがおかし
い」とすぐに気づくはずです。

また、「未来デザインCF」はお金の流れを浮き彫りにするもので、
スタートが利益、ゴールがお金の増減になります。

粉飾決算では架空の取引で利益を膨らませますが、お金はウソをつけ
ないので、「未来デザインCF」を作成してみると、粉飾決算をした勘
定科目の増減が明らかに異常値を示すことになります。

粉飾されたゆがんだ利益と、実際のお金の増減の差額の原因を浮き彫

りにすることで、粉飾決算を見抜くことができるのです。

　第5章で解説する「未来デザインＢＳ」は、財務体質を浮き彫りにするものです。財務体質とお金の流れの両方を明らかにすることからも、同様に粉飾決算を見抜くことができます。

■「粉飾決算の見分け方」

「未来デザイン決算書」なら、粉飾決算も見抜ける。なぜか?

未来デザインPL ならば	会社は、急激に「儲けの構造＝ビジネスモデル」を変えることはできない。 「儲けの構造」が、急変したり異常値を示した場合、それは実態をゆがめた粉飾ではないかと、見抜ける!
未来デザインCF ならば	「お金の流れ」を浮き彫りにすることで、粉飾されたゆがんだ利益の異常値から、粉飾を見抜ける!
未来デザインBS ならば	「財務体質」と「お金の流れ」を浮き彫りにすることで、粉飾を見抜ける!

決算書をいくら「お化粧」しても、お金は「ウソ」をつけません。
「お金の流れ」と「財務体質」を浮き彫りにして、粉飾の手口を見抜けます!

粉飾の手口は、4つのパターンに分かれる

　粉飾の手口は、4つのパターンに分類できます。

①架空売上の計上＝資産の過大計上

　本当は売上が立っていないにもかかわらず、架空の売上を計上して仕訳を切ります。仕訳で言うところの借方が「売掛金」、貸方が「売上高」となる仕訳を切ることによって、本当は存在しない売掛金が立ちます。この仕訳を切った分だけ利益が膨らむというわけです。

　粉飾をするには、「損益計算書（ＰＬ）」の収益のうち、「売上」「営業外収益」「特別利益」のいずれかを膨らませるか、費用を減らすかしかありません。

　そのうち最もボリュームの大きな勘定科目は「売上」なので、ここを触るのが一番影響が少ないのではないかという発想から、**上場企業で多く見られる手口**です。

②在庫の調整＝資産の過大計上

「売上原価」を減少させて、その代わりに架空の在庫を膨らませる手口です。架空の在庫を計上する仕訳を入れるとともに、売上原価を減少させることによって、その分だけ利益を膨らませて見せることができます。

　在庫の調整は、決算日に棚卸をした数量に単価を掛けて「これだけ在庫があった」という在庫表をもとに仕訳を切っていきますが、実際より数量を増やしたりして高額の単価を掛けて在庫を膨らませます。

　①の架空売上の計上には相手がいますが、②の在庫の調整には相手がいません。つまり、誰かに迷惑をかけずにできるという手軽さゆえに、**中小企業が手を出してしまいやすい手口**です。

③仕入の調整＝負債の過少計上

　借方「買掛金」、貸方「仕入高」という仕訳により、元の仕入高／買

掛金の仕訳を故意に消します。本当は仕入をしていて仕入先に「買掛金」の残高があるのに、あえて仕入をしなかったように見せかけて、仕入を減らすことで収益を膨らませるという手口です。

④固定資産投資の操作＝費用の固定資産化

　本来は経費で落とすべきものを、固定資産に計上するやり方です。この仕訳を切ることによって、利益を膨らませることができます。

■ 粉飾の手口

● 【手口①】架空売上の計上（資産の過大計上）
　（借方）売掛金（BSの資産を増加）　（貸方）売上高（PLの収益を増加）

● 【手口②】在庫の調整（資産の過大計上）
　（借方）棚卸資産（BSの資産を増加）　（貸方）売上原価（PLの費用を減少）

● 【手口③】仕入の調整（負債の過少計上）
　（借方）買掛金（BSの負債を減少）　（貸方）仕入高（PLの費用を減少）

● 【手口④】固定資産投資の操作（費用の固定資産化）
　（借方）固定資産（BSの資産を増加）　（貸方）経費（PLの費用を減少）

【事例】株式会社シニアコミュニケーション

では、実際の粉飾事例を見ていきましょう。

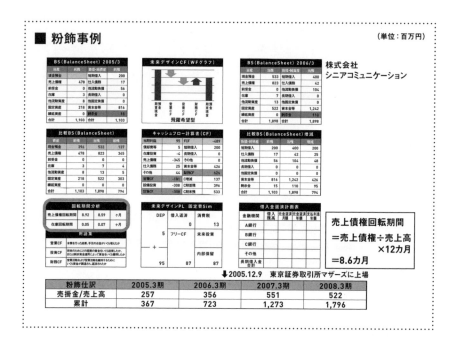

まずは、真ん中にある「ＣＦ」を見てください。

「当期利益」が9,500万円でお金の増減は1億3,700万円です。しかし、この中に大きなマイナスが入っています。それが「売上債権」の3億4,500万円です。

利益はそれなりに出たし、財務キャッシュフローもプラスでお金も増えているにもかかわらず、「営業ＣＦ」でこれだけのマイナスが出ているということは、お金の流入がともなっていないということです。

次に、「ＰＬ」で「売上」を、「ＢＳ」で「売掛金」を見ていきます。

■ 株式会社シニアコミュニケーションの「PL」

（単位：百万円）

区分	注記番号	前事業年度 （自 2004年4月1日 至 2005年3月31日） 金額	百分比（％）	当事業年度 （自 2005年4月1日 至 2006年3月31日） 金額	百分比（％）
Ⅰ. 売上高			643,441	100.0	1,150,476	100.0
Ⅱ. 売上原価						
1　期首製品たな卸高		4,329		1,288	
2　当期製品製造原価	※1	251,545		586,400	
3　当期商品仕入高		6,782		6,778	
4　当期広告取扱仕入高		3,183		47,137	
合計		265,840		641,604	
5　期末製品たな卸高		1,288		1,848	
6　期末商品たな卸高		－	264,552	41.1	4,332	635,423	55.2
売上総利益			378,889	58.9	515,053	44.8
Ⅲ. 販売費及び一般管理費	※2		269,809	41.9	294,081	25.6
営業利益			109,079	17.0	220,971	19.2
Ⅳ. 営業外収益						
1　受取利息		14		2	
2　受取配当金		4		4	
3　雑収入		860	879	0.1	357	363	0.0
Ⅴ. 営業外費用						
1　支払利息		1,777		2,181	
2　支払保証金		367		－	
3　新株発行費		2,387		1,734	
4　雑損失		754	5,287	0.8	74	3,991	0.3
経常利益			104,671	16.3	217,343	18.9
Ⅵ. 特別利益						
1　固定資産売却益	※3	31		－	
2　還付消費税等		5,901	5,932	0.9	－	－	－
Ⅶ. 特別損失						
1　投資有価証券評価損		－	－	－	49,990	49,990	4.3
税引前当期純利益			110,604	17.2	167,363	14.6
法人税、住民税及び事業税		23,057		74,712	
法人税等調整額		538	23,595	3.7	△2,546	72,166	6.3
当期純利益			87,009	13.5	95,187	8.3
前期繰越利益又は前期繰越損失（△）			△72,101		14,907	
当期未処分利益			14,907		110,094	

■ 株式会社シニアコミュニケーションの「BS」

(単位：百万円)

区分	注記番号	前事業年度 (2005年3月31日) 金額	構成比 (%)	当事業年度 (2006年3月31日) 金額	構成比 (%)
（資産の部）					
I.　流動資産					
1　現金及び預金		395,830		532,822	
2　受取手形		399		－	
3　売掛金		477,825		823,416	
4　商品		－		4,332	
5　製品		1,288		1,848	
6　仕掛品		1,111		－	
7　貯蔵品		355		830	
8　前払費用		4,256		6,960	
9　繰延税金資産		3,025		5,571	
10　未収入金		22		109	
11　その他		858		88	
流動資産合計		884,975	80.2	1,375,980	72.5
II.　固定資産					
1　有形固定資産					
(1) 建物	49,432			49,881	
減価償却累計額	2,115	47,317		6,515	43,065
(2) 車両運搬具	－			269	
減価償却累計額	－	－		36	232
(3) 工具器具備品	16,555			25,361	
減価償却累計額	7,548	9,006		12,233	13,128
有形固定資産合計		56,324	5.1	56,426	3.0
2　無形固定資産					
(1) ソフトウェア		6,892		17,453	
(2) 電話加入権		155		155	
無形固定資産合計		7,048	0.6	17,609	0.9
3　投資その他の資産					
(1) 投資有価証券		74,985		268,595	
(2) 関係会社株式		54,400		85,958	
(3) 出資金		100		10	
(4) 長期前払費用		259		173	
(5) 敷金保証金		26,257		80,488	
(6) 保険積立金		－		12,577	
投資その他の資産合計		155,002	14.1	447,802	23.6
固定資産合計		218,374	19.8	521,838	27.5
資産合計		1,103,350	100.0	1,897,818	100.0

この会社の1年間の「売上」は11億5,000万円で、「売上債権」（売掛金）は8億2,300万円も残高があります。これは明らかに異常事態です。

　こういうときに行うのが、月商（売上高÷12カ月）の何カ月分の残高を持っているかを見る「**回転期間分析**」です。

■ 回転期間分析

回転期間分析			
売上債権回転期間	8.92	8.59	カ月
在庫回転期間	0.05	0.07	カ月

用語集	
営業CF	本業を行った結果、手元のお金がいくら増えたか
投資CF	将来のためにどの程度の資金をいくら投資したか、または剰余資金運用によって資金をいくら獲得したか
財務CF	営業活動および投資活動を維持するためにいくら資金が調達され、返済されたか

　「売上債権」が月商の何カ月分かを見る「売上債権回転率」は「売上債権÷売上高（月商）」で求められます。この会社の「ＰＬ」と「ＢＳ」をもとに求めてみると8.59カ月ということがわかりました。これは、「売上債権」が毎月の売上の8.59カ月分計上されていることになります。あまりに回収ができていなさ過ぎます。これだと異常値と判断できます。

　ここまでの流れをまとめてみましょう。

①「営業ＣＦ」の中に大きなマイナスの「売掛金」の増加を発見
　　　　　↓
②おかしいと思って「ＰＬ」で「売上高」を、「ＢＳ」で「売掛金」を
　調べた
　　　　　↓
③「回転期間分析」を行ったところ、異常値であることが判明した

　利益をごまかしても、お金の流れはウソをつけないので、どこかで大きな矛盾が見えてきて、粉飾に気づくことができるということです。

　ちなみに、この会社はこの年度に東証マザーズに上場しています。上場して株主からお金を集めたので資本金が大幅に増えています。その勢いで金融機関からも２億円借りました。
　そうやって集めたお金で３億800万円もの株式投資などの設備投資をしたことが、「ＣＦ計算書」の「投資ＣＦ」に表れています。

　このように決算書から、異常な数値に気づきやすく、粉飾決算を見抜くこともできるのです。

付録　「経営力」の向上を
分析比率でチェック③

経営力をチェックするための、選りすぐりの分析比率を紹介

	経営力分析				
収益性	5	5	5	−	15
生産性	5	5	−	−	10
成長性	5	5	5	−	15
CF	**5**	**5**	**−**	**−**	**10**
安全性	5	5	5	5	20
健全性	5	5	5	−	15
効率性	5	5	5	−	15
合計	35	35	25	5	100

←今回

各**5点**満点

キャッシュフロー①

CF企業ライフサイクル8パターン＝営業CF・投資CF・財務CF

5点＝↑・↓・↓（健全経営型）

4点＝↑・↓・↑（拡大成長型）、↑・↑・↓（リストラ型）

3点＝↑・↑・↑（資金潤沢型）

2点＝↓・↓・↑（飛躍希望型）、↓・↓・↓（事業再生型）

1点＝↓・↑・↑（金融支援型）、↓・↑・↓（資産売却型）

キャッシュフロー②

FCF留保率＝FCF÷税引後利益×100

5点＝150%〜	4点＝120%〜	3点＝100%〜
2点＝0〜100%	1点＝FCFがマイナス	

会社の「財務体質」を
盤石にする
キャッシュバランス経営

どこに手を打てばお金を残せるか?
〜「未来デザインBS」の使い方〜

「貸借対照表（BS）」で「財務体質」を浮き彫りにする

▶「財産状態」ではなく「財政状態」
▶「財政状態」だけではなく「財務体質」を浮き彫りに

「財産状態」ではなく「財政状態」と表現する理由

「貸借対照表（BS）」とは、一定の時点、たとえば決算日における「財政状態」を表現した残高（ストック）の表です。

　基本的には「財産状態」なのですが、あえて**「財政状態」**という言い方をしています。

「BS」には左側にプラスの財産である「資産」が、右側にマイナスの財産である「負債」が、そして「資産-負債」の差額となる「純資産」が配置されます。

　たとえば、この本で使用しているオリエンタルランドの「BS」は、同社の2014年3月31日の夜中の0時00分という一瞬の一定時点における財産の状態を表しています。

　ここで押さえておきたいのは、**プラスの財産である「資産」とマイナスの財産である「負債」、その差額である「純資産」は実在しているかいないかの違いがあるということです。**

　プラスの財産という「資産」は、現金、売掛金、在庫、固定資産などすべて実在しているものになります。マイナスの財産である「負債」

も、債務、買掛金、借入金などすべて実在するものです。

しかし、「純資産」は性質が異なります。**「純資産」はあくまで「資産－負債」を「純資産」と呼んでいるだけのものなので、差額の概念でしかありません。**差額にあえて名前をつけている概念的なものだということを、まず押さえておいてください。

また、基本的には「財産の状態」を表す「ＢＳ」ですが、あえて「財政状態」と言うのには理由があります。

それは、「どうやってお金を調達したか？」「調達したお金をどのように活用したか？」という意味合いを持たせるために、あえて「財政状態」と言っているのです。

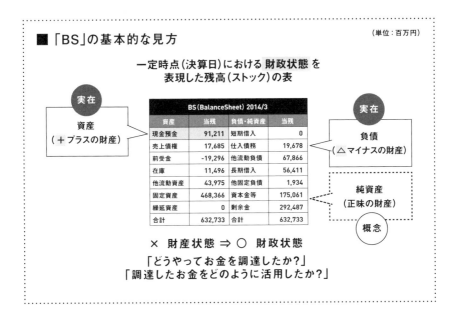

■ 「BS」の基本的な見方

（単位：百万円）

一定時点（決算日）における 財政状態 を
表現した残高（ストック）の表

BS (BalanceSheet) 2014/3			
資産	当残	負債・純資産	当残
現金預金	91,211	短期借入	0
売上債権	17,685	仕入債務	19,678
前受金	-19,296	他流動負債	67,866
在庫	11,496	長期借入	56,411
他流動資産	43,975	他固定負債	1,934
固定資産	468,366	資本金等	175,061
繰延資産	0	剰余金	292,487
合計	632,733	合計	632,733

実在
資産
（＋プラスの財産）

実在
負債
（△マイナスの財産）

純資産
（正味の財産）

概念

× 財産状態 ⇒ ○ 財政状態
「どうやってお金を調達したか？」
「調達したお金をどのように活用したか？」

「財政状態」だけでなく「財務体質」を浮き彫りにする

「ＢＳ」を資金面から本質的に見ると、右側は「資金調達」を、左側は「資金運用」を表していると言えます。

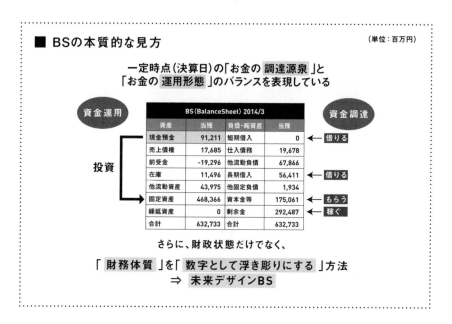

まず、「資金調達」の側から説明します。

会社の調達方法には、基本的に次の3つしかありません。

①借りる

②もらう

③稼ぐ

科目で言うと、①の「借りる」の場合は「短期借入金」や「長期借入金」が該当します。のちに必ず返済する義務が発生しますが、まずはお

金を借りることで資金調達ができます。

　②の「もらう」の科目は、株式会社の場合、「資本金」となります。会社設立のときや増資をした場合に出資されたお金で、会社側からすると「もらったお金」ということになります。株主がそれぞれ株式を譲渡することによってオーナーが変わることがあっても、基本的に減資しない限りはもらったままの状態になるお金です。

　③の「稼ぐ」の科目は「剰余金」となります。会社の営業活動によってお金の出入りがあり、残ったお金が内部留保されていきます。この内部留保が「剰余金」として累積されていきます。

　こうして調達したお金を法人という器に投入した後に、どう運用され投資されているかを表したのが、左側の「資産の部」です。

　ここでぜひ押さえていただきたいのが、**お金が対流しているというイメージ**です。

　たとえば、「借入金」を返済するとお金が減っていきます。「売掛金」は回収されてお金に戻ります。また第4章でもお話ししたように、「固定資産」も減価償却を通じてお金に戻っていきます（減価償却の自己金融効果）。

　「制度会計のＢＳ」でも、このように会社の「財政状態」を把握することは可能ですが、これからお話しする「資金別貸借対照表」、それを発展させた「未来デザインＢＳ」では、そこからさらに一歩踏み込んで、会社の「財務体質」を浮き彫りにすることを可能にします。

魔法の決算書「資金別貸借対照表」をマスターする

▶「財務体質」が浮き彫りになる理由
▶お金を4つのグループに色分けする

なぜ、「財務体質」が浮き彫りになるのか?

「未来デザインBS」は「資金調達」と「資金運用」の差額を表示していくことによって、「財務体質」を浮き彫りにすることができます。

　調達と運用の差額を出すことによって「財務体質」を浮き彫りにする手法は、以前からありましたが、現在広く支持されているのは税理士の佐藤幸利先生が考案した「資金別貸借対照表」です。

「資金別貸借対照表」の考え方

「資金別貸借対照表」も通常の「BS」同様、右側が「資金調達」、左側が「資金運用」となっています。

　資金は、次の4つにグルーピングします。

①損益資金
②固定資金
③売上仕入資金
④流動資金

「資金別貸借対照表」の構造と4つのグルーピングの意味について、簡単な数字を当てはめて見ていきましょう。

「資金調達−資金運用」で算出する差額は、「資金別貸借対照表」においては通常左側に配置するのですが、ここではわかりやすさを優先して右側に配置していきます。

■ 資金別貸借対照表

（単位：万円）

資金運用		資金調達		現金預金	
①【損益資金】					
費用	50	前期繰越利益／収益	650		
計	50	計	650	600	
②【固定資金】					
棚卸資産	150	長期借入金	500		
固定資産	1,050	資本金	100		
計	1,200	計	600	-600	
③【売上仕入資金】					
売掛金	300	買掛金	250		
計	300	計	250	-50	
安定資金				-50	①＋②＋③で算出
④【流動資金】					
		短期借入金	150		
計		計	150	150	
現金預金				100	①＋②＋③＋④

使ったお金の残り

①損益資金

「資金運用」の費用が50万円、「資金調達」の前期繰越利益および収益が650万円とした場合、

資金調達（650万円）−資金運用（50万円）＝現金預金（600万円）

「損益資金」は創業以来の損益の累積金額で「内部留保」と呼ばれます。

会社の目的は、この「内部留保」を最大にすることです。

　ポイントとなるのは、費用の中に税金が含まれている点です。税金も費用なので必要経費として考え、その上で税引後の利益（剰余金）を残していくことが大事です。

　節税をしようとすると、損益資金そのものの金額を小さくすることになってしまいます。それは、おそらく社長のやりたいこととは逆のことなのではないでしょうか。

　会社の目的は損益資金を大きくすることなのに、税金を少なくしようとすると、先述したようにお金を残さない方向に手を打ってしまうことになります。節税するとお金が増えない理由もおわかりいただけるのではないでしょうか。

■「損益資金」とは

損益資金とは
⇒ **創業以来の損益の累計金額**
会社の目的はこの資金を最大にすること

現金預金	損益資金（③＝①－②）		
			前期繰越利益
	費用		収益
差引 ③	資金運用合計　②		資金調達合計　①

【問い】ポイントは、費用の中の税金。なぜか？
　　　税金も費用（必要経費）として考える。その上で、お金（剰余金）を残していく。

②固定資金

「資金運用」の「棚卸資産（150万円）＋固定資産（1,050万円）」が1,200万円、「資金調達」の「長期借入金（500万円）＋資本金（100万円）」が

600万円とした場合、

資金調達（600万円）－資金運用（1,200万円）＝現金預金（－600万円）

「固定資金」はゆっくり資金化される投資や運用を、長く使える資金調達でまかなっていくもので、そのバランスをうまくとることが大切です。設備投資や在庫投資は企業拡大の原動力になるため、ここでつまずくと会社にとって命取りとなりかねないからです。

　ここでのポイントは「固定資金」に「棚卸資産」を含めている点です。会計上、「棚卸資産」は「流動資産」に区分されますが、あえて長期の資金運用と考えているのです。

　1つひとつの商品や原材料は、短期的に販売されたり製造されたりしてどんどんお金に戻ってきます。会計上は**短期的にお金に戻るため**「流動資産」という形になりますが、資金として把握する場合には少々見方

■「固定資金」とは

固定資金とは
⇒ 固定される資金 と 長く使える資金 の バランス
　企業拡大の原動力、つまずくと命取りに

現金預金	固定資金（③＝①－②）	
	棚卸資産	長期借入金
	固定資産	資本金
差引 ③	資金運用合計　②	資金調達合計　①

【問い】ポイントは、棚卸資産。なぜか？
　　　　適正在庫分のお金が長期的に固定されるから。

が違ってきます。

　というのも、ある一定の数については「適正在庫」として常にストックをしておく必要があるからです。つまり、ゼロになるということはありません。適正在庫を常に維持しておかなければならないので、その分のお金が長期間、継続的に寝てしまう（固定されてしまう）ととらえます。

　そのために、資金として見たときは長期の運用になるということです。

③売上仕入資金

「資金運用」の売掛金（300万円）、「資金調達」の買掛金（250万円）とした場合、

資金調達（250万円）－資金運用（300万円）＝現金預金（－50万円）

「売上仕入資金」というのは売上債権と仕入債務のことで、勘定科目で言うと「売掛金と買掛金の差額」になります。

「売掛金」というのは、売上にともなって発生し、買掛金というのは仕入にともなって発生します。

　ここではいわゆる**「サイト（決済期限）の勝ち負け」**というのがポイントになってきます。通常、「売上仕入資金」は「買掛金－売掛金」で求められ、通常マイナスになり、**「サイト負け」**という言い方をします。「サイト負け」は売上と仕入の発生のボリュームと、サイトの長さの2つの理由によって発生します。

　1つ目の「売上と仕入の発生のボリューム」について、オリエンタルランドの例で見てみましょう。

買掛金	–	売掛金	=	売上仕入資金
21		110		− 89

↑ ×1カ月分　　　　　　↑ ×1.1カ月分

仕入高　　　　　　　　売上高

21　　　　　　　　　　100

　オリエンタルランドの場合、100売れば変動費が21掛かり、粗利が79残るという「儲けの構造」で商売をしていました。もともとの売上の発生ボリュームが100で、変動費の21を圧倒しているわけです。

　2つ目の「サイトの長さ」について考えてみましょう。企業は仕入先から掛けで商品なり原材料なりを買うわけですが、月末で締めて翌月末に支払う1カ月のサイトだったとしましょう。

　一方、売上側はどうかというと、得意先によっても変わるとは思いますが、企業の規模が小さければ小さいほど、お金を受け取る側のサイトは1カ月を超えることが多いように見受けられます。

■「売上仕入資金」とは

売上仕入資金とは
　⇒ 売上債権（売掛金）と仕入債務（買掛金）の差額
　　サイトの勝ち負け と滞留がポイント

現金預金	売上仕入資金（③＝①－②）		
	受取手形	支払手形	
	売掛金	買掛金	
差引 ③	資金運用合計 ②	資金調達合計 ①	

[問い] 通常、サイト負けをする。なぜか？
　　　2つの理由。①売上＞仕入（粗利分）　②サイトの長さ

　つまり、「売掛金の回収サイト」と「買掛金の支払サイト」のどちらが長いかというと、どうしても得意先からの回収サイトのほうが長くなる（たとえば1.1カ月）ことが多いのです。

　この2つが組み合わさると、「買掛金」よりも「売掛金」の残高のほうが大きくなります。その状態で「買掛金残高（21）－売掛金残高（110）」で売上仕入資金を算出するとマイナス（－89）になってしまうというわけです。

　このような理由で、「売上仕入資金」は通常マイナスになるということを理解しておいてください。

　ちなみに、①の損益資金、②の固定資金、③の売上仕入資金の合計を**「安定資金」**と呼び、資金の安定度を示す指標になります。

　「安定資金」については、のちほどあらためてご説明します。

④流動資金

　ここは資金調達のみとして、短期借入金150万円となります。

■「流動資金」とは

流動資金とは
⇒ 短期的な資金 の調達と運用のバランス
全体の「つじつま合わせ」的な性格を持つ

現金預金	流動資金（③＝①－②）		
			短期借入金
	立替金等		未払金等
差引 ③	資金運用合計	②	資金調達合計 ①

「流動資金」が示すのは、短期的な資金の調達と運用のバランスです。

　短期的な資金調達とは、短期借入金や未払金、その他の流動負債などを言います。短期的な資金運用には立替金等が該当します。

　先述したように損益資金、固定資金、売上仕入資金を合計したものを「安定資金」と呼び、それに流動資金を足したものが「現金預金」となります。

　①〜④の全部を足すと「現金預金」の総和となります。

　この例では、

　①600万円＋②（−600万円）＋③（−50万円）＋④150万円＝100万円

　算出された100万円は、「制度会計のＢＳ」の「現金預金」の額と一致します。

銀行サドンデスから抜け出すための打ち手は?

▶「安定資金」がマイナスになる!?
▶「安定資金」は会社が自由に使えるお金

「安定資金」がマイナスになる状態とは?

前項の①〜④の合計である「現金預金」がマイナスになるのは、会社が倒産した状態にあるということです。そのため、現在営業中の会社で「現金預金」がマイナスということはあり得ません。

ところが「安定資金」は、マイナスになることがあり得ます。なぜなら、赤字が続いていれば損益資金がマイナスになることがありますし、固定資金も資金調達の額が少なかったり、多くの設備投資、在庫投資を行えばマイナスになることもあるでしょう。売上仕入資金も通常、マイナスになることが多いと前項で述べました。その結果、「安定資金」がマイナスになるというのは十分にあり得ることなのです。

「安定資金+流動資金」の合計である「現金預金」は、必ずプラスになります。マイナスであれば倒産しています。では、「安定資金」がマイナスの会社はどういう状態にあると言えるのでしょうか。考えてみてください。

答えは**「流動資金（短期借入金）で食いつないでいる状態」**です。「短期借入金」は約定的に、いつかは必ずどこかのタイミングで返済しなければならないお金です。その名の通り、返済時期は「短期」です。

「短期借入金」を条件通りに返済したら、お金がなくなってしまいま

す。すなわち「現金預金」の残高が0になり、会社が倒産するということを意味します。

　中小企業だと、このようなことが少なくありません。
「現金預金があるから大丈夫だ」などと思っていても、銀行の出方次第で倒産に追い込まれる可能性があるのです。

　「安定資金」がマイナスであるにもかかわらず、流動資金によって「現金預金」がプラスになるのを保っている状態は、非常に不安定であるとともに、不自由であるとも言えます。

　なぜなら、思い通りの会社経営ができていないということであり、**銀行によって会社の生き死にが握られている状態**でもあるからです。

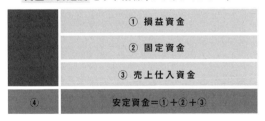

■「安定資金」とは

安定資金とは
⇒ 損益資金、固定資金、売上仕入資金の合計
　資金の安定度 を示す指標（＋であるのがよい）

	① 損益資金
	② 固定資金
	③ 売上仕入資金
④	安定資金＝①＋②＋③

【問い】安定資金は、どんな意味をもった資金か？
　　　会社が本来、自由に使えるお金。

　「安定資金」がマイナスの会社を「不自由な状態」と考えるのであれば、安定資金がプラスの会社とは、**「本来自由に使えるお金」**がプラス

ということになります。

　この「安定資金」をいかに確保していくか、残高をいかに増やしていくかということが非常に重要になってきます。

「資金別貸借対照表」の特徴

「安定資金」は、「キャッシュフロー計算書（ＣＦ）」には出てこない資金です。また「売上仕入資金」についても、「ＣＦ」の場合、「売掛金」の残高が増えたらお金が減る、「仕入債務」の残高が増えたらお金が増えるといったことはわかりますが、残高を見て「財務体質」を知るということまではできません。「資金別貸借対照表」でこそ、「財務体質」を知ることが可能になることなのです。

　ここで今一度、「資金別貸借対照表」のまとめをしておきましょう。

　一般的な「貸借対照表（ＢＳ）」では左側が「資金の運用」、右側が「資金の調達」となっていますが、これを並べ替えてつくるのが「資金別貸借対照表」です。

① 「損益資金」というのは基本的には「剰余金」であり、ここには創業以来の儲けの累積が入っています。

② 「固定資金」は「長期の調達と運用のこと」で、在庫投資が長期運用に分類されているのがポイントです。

③ 「売上仕入資金」は「得意先に貸しているお金と仕入先から借りているお金の差額」で、通常はマイナスになります（サイト負け）。

①＋②＋③が「安定資金」となり、会社が自由に使えるお金であり、資金の安定度を示すものです。

④「流動資金」は短期的な資金のバランスを示します。「安定資金」がマイナスの場合には、会社の全体的なつじつま合わせをする役目を果たします。

　これら①〜④の資金がプラスになったりマイナスになったり、ボリュームが変わったりすることで「財務体質」を表現していくのです。

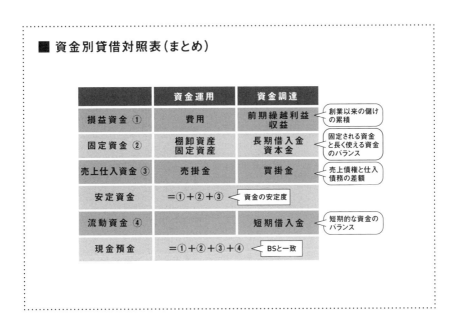

■ 資金別貸借対照表（まとめ）

	資金運用	資金調達	
損益資金 ①	費用	前期繰越利益 収益	創業以来の儲けの累積
固定資金 ②	棚卸資産 固定資産	長期借入金 資本金	固定される資金と長く使える資金のバランス
売上仕入資金 ③	売掛金	買掛金	売上債権と仕入債務の差額
安定資金	＝①＋②＋③ 資金の安定度		
流動資金 ④		短期借入金	短期的な資金のバランス
現金預金	＝①＋②＋③＋④ BSと一致		

「財務体質」を表す 「未来デザインBS」 をつくってみよう

▶驚くほど簡単に作成できる「未来デザインBS」
▶「未来デザインBS」6つの工夫でわかること

「未来デザインBS」をつくる目的

「資金別貸借対照表」は素晴らしい表だと私は思っています。しかし、私から見て「ここはわかりにくいのでは？」と思われる部分もいくつかあります。それを改善したのが「未来デザインBS」です。

「未来デザインBS」では、お金を4つの資金にグルーピングし、それぞれの資金の絶対額とバランスが**財務体質**を表現しています。

さまざまなパターンがあるので、「未来デザインCF」のように単純に8パターンのような整理はできませんが、最終的にお金を増加させるために、どの資金を増加させるのか、どの資金調達を増加させ、そしてどの資金運用を減少させるのか、あるいはそれぞれをどうコントロールするのかといった「財務体質」を強化するために作成するものです。

「未来デザインBS」のつくり方は「要約BS」を転記すればOK

では、実際に「未来デザインBS」をつくっていきます。第4章の「未来デザインCF」を作成するときにつくった「要約BS」（158ページ参照）を用意します。「要約BS」の科目のそれぞれを、「未来デザイン

BS」のフォーマットの所定の位置に転記します。

「要約BS」の数値を、「未来デザインBS」の一致する場所に転記し、「資産調達」から「資産運用」を差し引けば、表のでき上がりです。

■「未来デザインBS」のつくり方

（単位：百万円）

BS（Balance Sheet）2014/3

	資産	当残	負債・純資産	当残	
①	現金預金	91,211	短期借入	0	⑧
②	売上債権	17,685	仕入債務	19,678	⑨
③	前受金	-19,296	他流動負債	67,866	⑩
④	在庫	11,496	長期借入	56,411	⑪
⑤	他流動資産	43,975	他固定負債	1,934	⑫
⑥	固定資産	468,366	資本金等	175,061	⑬
⑦	繰延資産	0	剰余金	292,487	⑭
	合計	632,733	合計	632,733	

未来デザインBS　2014/3

資金運用		①	資金調達	
他流動資産	⑤		短期借入金	⑧
			他流動負債	⑩
			剰余金	⑭
売上債権	②＋③		仕入債務	⑨
在庫	④		長期借入金	⑪
固定資産	⑥		他固定負債	⑫
繰延資産	⑦		資本金	⑬

次が「未来デザインBS」の完成形になります。

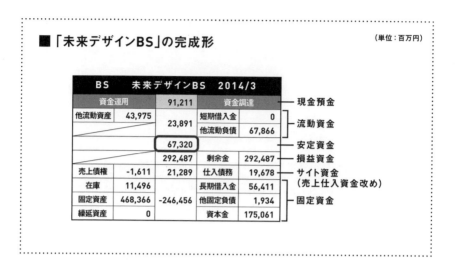

■「未来デザインBS」の完成形 （単位：百万円）

BS	未来デザインBS	2014/3		
資金運用		91,211	資金調達	
他流動資産	43,975	23,891	短期借入金	0
			他流動負債	67,866
		67,320		
		292,487	剰余金	292,487
売上債権	-1,611	21,289	仕入債務	19,678
在庫	11,496		長期借入金	56,411
固定資産	468,366	-246,456	他固定負債	1,934
繰延資産	0		資本金	175,061

右側ラベル：現金預金／流動資金／安定資金／損益資金／サイト資金（売上仕入資金改め）／固定資金

「資金別貸借対照表」と「未来デザインBS」の違い

①差額を真ん中に配置

「資金調達−資金運用」で算出される各資金の額は、「資金別貸借対照表」では通常左に配置されます。しかし、わかりやすさを追求したところ「差額を取っている」ことを明瞭にするには、真ん中に配置したほうがいいのではないかと考えました。

②現金預金をトップに配置

「現金預金」は、「資金別貸借対照表」では一番下に配置されています。しかし、これだとクライアント企業の社長に説明する場合、下から上に視線を移していくことになり「不自然なのではないか」と考えていました。

　また、「資金別貸借対照表」は「現金預金」を4つにグルーピングして見ていくものなので、その意味でも、まずは「グルーピングされるべ

き現金預金」をトップに持ってきたほうがわかりやすくなるのではないかと考え、このように配置するようにしました。

③科目の要約

これについてはすでに「未来デザインＣＦ」のところでも説明しましたが、もとになる「貸借対照表（ＢＳ）」そのものの科目を思いきって要約し、それを使っています。これによって明瞭性が増しました。

④売上仕入資金の名称を「サイト資金」に変更

「売上仕入資金」が示すものはサイトの勝ち負けです。それならば「サイト資金」と呼んだほうがわかりやすくなるのではないかと考え、これを採用することにしました。

⑤資金の順番の並べ替え

「資金別貸借対照表」は、

　損益資金　→　固定資金　→　売上仕入資金　→　（安定資金）　→　流動資金　→　現金預金

という並びになっています。

しかし、②で説明したように「未来デザインＢＳ」では「現金預金」を一番上に配置することにしたため、資金の順番が変わっています。「現金預金」のすぐ下に、これを構成する「流動資金」と「安定資金」を配置。そして「安定資金」を分解する形で、「損益資金」「サイト資金」「固定資金」の順で並べることにしました。

⑥損益資金の「前期繰越利益＋収益－費用」を「当期末剰余金」のみに

「損益資金」を最大化することが会社経営の目的ということもあり、あえて「当期末繰越利益（剰余金）」のみに絞ることにしました。

「損益資金」を見れば、「損益計算書（ＰＬ）」のエッセンス（収益と費用）も見れる、というのが「資金別貸借対照表」の特徴ですが、「ＰＬ」は「未来デザインＰＬ」でしっかりと「儲けの構造」を浮き彫りにしているので、ここでは省略したほうがメリハリがつくとの判断です。

　以上、さまざまな点で工夫を凝らしてでき上がったのが「未来デザインＢＳ」です。

　いろいろな形でメリハリをつけたことにより、「財務体質」がよりわかりやすく浮き彫りになりました。

5 「借入金戦略」の あるべき考え方とは?

▶ 資金から見た「借入金」の扱い方
▶ 制度会計と異なる短期・長期の考え方

「借入金」の扱い方

第4章の「未来デザインCF」を作成するときにつくった「要約BS」と、それをもとにつくる「未来デザインCF」および「未来デザインBS」では、「借入金」の取り扱いが一般とは異なっています。

1年以内に返済予定の「長期借入金」は「固定資金」に、「社債」は「流動資金」に分類しています。その理由を説明しましょう。

① 1年以内に返済予定の「長期借入金」について

通常、1年以内に返済予定の「長期借入金」は「流動負債」に含め、「短期借入金」と同様の扱いをします。会計には、「ワンイヤールール」というのがあり、決算期から1年以内に返済するものは「流動負債」に分類します。

しかし、私はあえて「長期借入金」として「固定資金」に含めています。その理由は、資金的に考えると、約定通りゆっくりと返済していけばいい調達ですので、あくまで長期の調達だからです。そこで、会計上は「流動負債」ですが、**資金的には、「長期借入金」に含めて「固定（長期）の資金調達」**という扱いをしています。

235

　ちなみに、この並べ替えをしたいがために、私は「貸借対照表（BS）」を要約する時点で、1年以内に返済予定の「長期借入金」を「固定負債」に振り替えています。

②割引手形、社債について

「社債」等については、「満期になると、いきなりガツンと償還される」ことから短期借入金と同様の扱いをして、「流動負債」に含めています。**「安定資金」を厳しめに見るために保守的に算出するという目的で、あえて「社債」を「短期借入金」のほうに入れている**のです。

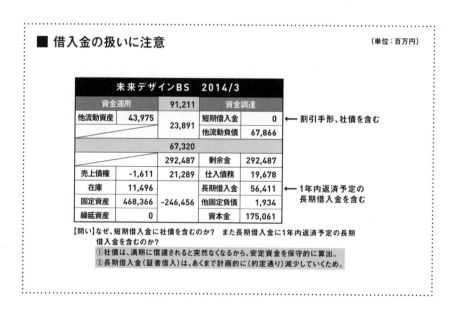

　1年以内に返済予定の「長期借入金」と「社債」をそれぞれの性質をもとに振り替えることで、初めて**「安定資金」を「会社が自由に使えるお金」**として表現することができます。

　これは最終的に、会社にとっての「借入戦略」に直結します。すなわ

ち、返済がコントロールできている「長期借入金」は「安定資金」に含めることができるし、逆に、満期にサドンデスのある社債は安定資金からは外しておくのです。

「財務体質」を強化するための「借入戦略」として望ましいのは、**サドンデスのある「短期借入金（当座貸越や手形貸付、社債など）」から、サドンデスのない「長期借入金（証書貸付など）」へ、借入金をシフトしていくことです。**

　ただし、急激なシフトは返済が資金繰りを圧迫することになるので、あくまで慎重に行う必要があります。

　もちろん、無借金経営は理想ですが、焦って運転資金がひっ迫し、会社が倒産してしまっては元も子もありません。確実に、実質的な無借金経営を目指していくことが重要です。

どうやって「財務体質」を浮き彫りにするか

▶現在の財務体質を浮き彫りにする
▶財務体質の変化も浮き彫りにする

「財務体質」とその「変化」を浮き彫りにする

では、「未来デザインＢＳ」を使って「財務体質」を浮き彫りにしていきましょう。まずは次ページの６つ並んだ「未来デザインＢＳ」のコックピットシートの右下、「未来デザインＢＳ　2014/3」を見てください。

「財務体質」の「今」を読み取る

オリエンタルランドの「未来デザインＢＳ　2014/3」からわかることは、次の通りです。

①潤沢な資金を持っている

１番大きい数字は「損益資金」の2,925億円です。「潤沢な損益資金を持っている」と言えるでしょう。「損益資金＝内部留保」であり、創業以来の儲けの部分です。

②豊富な安定資金を持つ

「安定資金」が673億円と、とても潤沢です。

③前受金ビジネスの効果

　通常マイナスになる「サイト資金」が、オリエンタルランドではプラスになっています。年間パスポートの発行により売上債権を上回る前受金があることが要因です。

④大きな設備投資をしている

「固定資金」が－2,464億円と非常に大きなマイナスになっています。テーマパークなので大きな設備投資が必要だからでしょう。これだけの大きな設備投資が可能なのは、過去の「内部留保」が潤沢であるがゆえです。潤沢な「損益資金」でもって設備投資をしている財務体質ということが言えます。

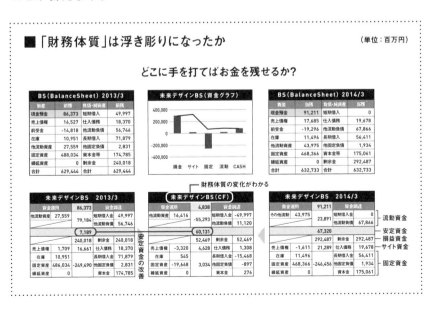

■「財務体質」は浮き彫りになったか　　(単位：百万円)

どこに手を打てばお金を残せるか？

239

「財務体質」の「変化」を読み取る

では次に、2013年3月の「未来デザインＢＳ」と、2014年3月の「未来デザインＢＳ」の差額を取った「未来デザインＢＳ（ＣＦ）」とを照らし合わせて「財務体質」の変化を見ていきましょう。

まず、「現金預金」の額が1年間で48億円増えています。「流動資金」は－552億円と大幅なマイナスになっています。これは「未来デザインＣＦ」のところでもお話ししましたが、「社債」を償還したためです。「社債」は「流動資金」としてカウントするため、償還分がマイナスになりました。

これほどのマイナスがあるにもかかわらず「現金預金」が増えているのは、「剰余金＝当期利益」が524億円もあるためです。これだけの利益があったので、500億円もの大きい社債償還分をまかなうことができました。

注目すべきは「安定資金」です。2013年3月は72億円で2014年3月が673億円。著しく増えています。「現金預金」も増えていますが、見えないところで「安定資金」が大幅に改善していたことが、「未来デザインＢＳ」をつくったことでわかりました。

このように「未来デザインＢＳ」をつくることによって、「現在の財務体質」がわかるのはもちろん、「財務体質の変化」もわかります。まさに「財務体質が浮き彫りになる」のです。

どこに手を打てば
お金を残せるか?

▶各資金グループの改善方法
▶「未来デザインCF」と「未来デザインBS」の違い

「どこに手を打てばお金を残せるのか」をシミュレーションする

　シミュレーションによって、どこに手を打てばお金を残せるかということを、「未来デザインＢＳ」を使って考えていきましょう。

■ どこに手を打てばお金を残せるか　　　　　　　　　　　　　　（単位：百万円）

未来デザインBS　2014/3				
資金運用	91,211	資金調達		
他流動資産　43,975	23,891	短期借入金	0	⬆
		他流動負債	67,866	⬆
	67,320			
	292,487	剰余金	292,487	⬆
売上債権　-1,611	21,289	仕入債務	19,678	⬆
在庫　11,496		長期借入金	56,411	⬆
固定資産　468,366	-246,456	他固定負債	1,934	⬆
繰延資産　0		資本金	175,061	⬆

　まず「損益資金」は、当然増やしていきます。利益が出れば、「損益資金」が増え、会社のお金が増えていきます。

「サイト資金」は通常はマイナスになりますが、売上債権は減らし、仕入債務を増やしていくことでお金が増えます。

「固定資金」は、調達を増やすか運用を減らすことによってお金を増やすことができます。

「流動資金」も同様で、調達を増やせばお金が増え、運用を減らせば同様にお金が増えます。

では、具体的にどうすれば改善するのかを見ていきましょう。

「損益資金」の改善方法

ここは極めてシンプルで、「利益を出しましょう」ということです。

では、利益を出すにはどうしたらいいかというと、これは「未来デザインＰＬ」をよく検討すれば見えてきます。再度「未来デザインＰＬ」でのシミュレーションに戻り、どうすればもっと利益を上げることができるかを考えていきましょう。

そして**「税引後利益」の最大化を目指す**ことで、「損益資金」の改善に結びついていきます。

「サイト資金」の改善方法

サイトの勝ち負けを改善するということになり、手法としては「未来デザインＣＦ」で説明した手法と同様になります。

仕入債務を増やして、売上債権を減らす。つまり支払手形、買掛金の残高をいかに増やすか、受取手形、売掛金の残高をいかに減らすかということです。

なるべくゆっくり払い、なるべく早く回収します。そういう手を打つ

ことによって「サイト資金」は改善していきます。

　売掛金のところでもお話しした、「前受金」をもらうようなビジネスをすることでも改善できます。オリエンタルランドはまさにそのビジネスをやって、「サイト資金」をプラスにすることができています。

「固定資金」の改善方法

　在庫投資、固定資産（設備）投資と借入のバランスを改善していくことが重要になります。**設備計画と借入計画のバランス**を見ていかなければなりません。

　基本的に在庫、設備投資は長期の資金調達でまかなえるようにしていきます。このときにお金を借りずに頑張り過ぎるとお金がどんどん減ってしまい、「安定資金」が枯渇しそうになったり、「現金預金」が0に近くなったりするので気をつけましょう。

　無借金経営は経営者にとっての夢ではありますが、だからと言って返済を頑張り過ぎると財務体質は悪化します。

　投資したものが、「損益資金」の利益、すなわち「内部留保」したものでしっかり返していけるかのバランスを見ながら、計画的にしっかり確実に返済して、いずれは無借金経営を目指していきましょう。

「流動資金」の改善方法

　「流動資金」の調達の中にあるのは「短期借入金」（手形借入金や当座貸越など）になるので、手形戦略、借入戦略というものを改善していくことになります。基本的には改善というのは「お金を借りる形」で行われ、「流動資金」を増やすことになります。

　ただし、この部分を増やしてもいずれは返済しなければいけないので、ここで見込まれる「改善」は言ってみればその場しのぎです。根本的な改善にはなりません。

　あくまでも「現金預金」の残高が少なく、ひっ迫している状況のときに、他に手がなければまず「短期借入金」のところでお金を調達していくというイメージです。抜本的な解決にはならない、ということを押さえておいてください。

「未来デザインBS」と「未来デザインCF」の比較

「未来デザインＣＦ」の対象期間が１年間であるのに対し、「未来デザインＢＳ」には創業から現在までのすべてが表現されています。表示方法も「ＣＦ」が差額であるのに対し、「ＢＳ」は残高表示となります。「ＣＦ」では「営業ＣＦ」として合算で表れているサイト資金が、「ＢＳ」では科目ごとに独立して浮き彫りになっているというのも重要なポイントです。

　重要な指標となるのは、「ＣＦ」では会社が自由に使えるお金としてのフリーキャッシュフローであるのに対し、「ＢＳ」では残高として自由に使える「安定資金」となります。

■「未来デザインBS」と「未来デザインCF」の比較

	未来デザインCF	未来デザインBS
対象期間	1年間	創業 から 現在まで
表示方法	純額(差額)	総額(残高)
サイト資金	営業CFに混入	売上仕入資金 にて 独立表示
重要指標	フリーCF	安定資金

「BS」をもとにした「経営コックピットシート」

▶「財務体質」がひと目でわかる「資金グラフ」
▶「財務格付け表」と「資金総括表」で資金チェック

資金グラフ

　「BS」を中心にした「経営コックピットシート」の中に、私は「資金グラフ」というものを配置するようにしています。この「資金グラフ」は棒の長さが絶対値を表しています。

■ BSをもとにした経営「コックピットシート」

（単位：百万円）

BS（BalanceSheet）2013/3

資産	前残	負債・純資産	前残
現金預金	86,373	短期借入	49,997
売上債権	16,527	仕入債務	18,370
前受金	-14,818	他流動負債	56,746
在庫	10,951	短期借入	71,879
他流動資産	27,559	他固定負債	2,831
固定資産	488,034	資本等	174,785
繰延資産	0	剰余金	240,018
合計	629,444	合計	629,444

未来デザインBS（資金グラフ）

（グラフ：縦軸 400,000／200,000／0／-200,000／-400,000、横軸 損益　サイト　固定　流動　CASH）

BS（BalanceSheet）2014/3

資産	当残	負債・純資産	当残
現金預金	91,211	短期借入	0
売上債権	17,685	仕入債務	19,678
前受金	-19,296	他流動負債	67,866
在庫	11,496	長期借入	56,411
他流動資産	43,975	他固定負債	1,934
固定資産	468,366	資本等	175,061
繰延資産	0	剰余金	292,487
合計	632,733	合計	633,733

未来デザインBS　2013/3

資金運用		86,373	資金調達	
他流動資産	27,559	79,184	短期借入金	49,997
			他流動負債	56,746
		7,189		
		240,018	剰余金	240,018
売上債権	1,709	16,661	仕入債務	18,370
在庫	10,951		長期借入金	71,879
固定資産	488,034	-249,490	他固定負債	2,831
繰延資産			資本等	174,785

未来デザインBS（CF）

資金運用		4,838	資金調達	
他流動資産	16,416	-55,293	短期借入金	-49,997
			他流動負債	11,120
		60,131		
		52,469	剰余金	52,469
売上債権	-3,320	4,628	仕入債務	1,308
在庫	545		長期借入金	-15,468
固定資産	-19,668	3,034	他固定負債	-897
繰延資産			資本等	276

未来デザインBS　2014/3

資金運用		91,211	資金調達	
他流動資産	43,975	23,891	短期借入金	0
			他流動負債	67,866
		67,320		
		292,487	剰余金	292,487
売上債権	-1,611	21,289	仕入債務	19,678
在庫	11,496		長期借入金	56,411
固定資産	468,366	-246,458	他固定負債	1,934
繰延資産			資本等	175,061

用語集

損益資金	会社を設立して以来の損益の累計金額です。「稼ぐ」ことこそ最強の資金調達となります。
サイト資金	得意先への売掛債権や仕入先からの信用供与を受けた額との差額です。売上と仕入のサイトの勝ち負けです。
固定資金	「長く使えるお金」と「固定化されるお金」とのバランスです。適正在庫は長期投資と考えることがポイントです。
流動資金	「すぐに支払うべきお金」「すぐにもらえるお金」のバランスです。「お金のブレが出やすい」部分と言えます。
安定資金	「資金の安定度」を示す指標です。プラスであることが重要です。
財務格付け	全ての資金運用を、調達資金からスタートして、どの資金調達を加えたときに現金預金がプラスに転じるかで判定。

財務格付け表

レベル	現金預金		運用		調達
LV.1	-229,739	全運用	522,226	損益資金	292,487
LV.2	-54,678	全運用	522,226	+資本金	467,548
LV.3	-35,000	全運用	522,226	+サイト資金	487,226
LV.4	23,345	全運用	522,226	+固定資金	545,571
LV.5	91,211	全運用	522,226	+短期借入金	613,437

資金総括表

科目	前期	当期	増減額
現金預金	86,373	91,211	4,838
長期借入金	71,879	56,411	-15,468
短期借入金	49,997	0	-49,997
差引額	-35,503	34,800	70,303

企業財務は、現金預金が増え、借入金等が減れば、よい「財務体質」の方向に向かっているということです。

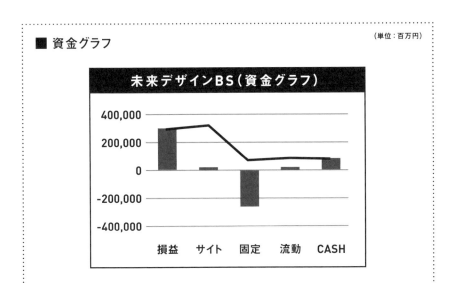

■ 資金グラフ

（単位：百万円）

未来デザインBS（資金グラフ）

損益　サイト　固定　流動　CASH

　この「資金グラフ」は「損益資金」「サイト資金」「固定資金」「流動資金」それに「現金預金（CASH）」のそれぞれを棒グラフで表し、さらに損益資金〜流動資金まで左から右へ足した数字を折れ線グラフで表したもので、財務体質がひと目でわかるようになっています。

　上記のオリエンタルランドの「資金グラフ」は、まるでお手本のような理想的な財務体質を表していますが、中小企業の場合はなかなかこのような形にはなりません。

　たとえば、次ページの図のような形になることが多いのです。通常の中小企業ではいわゆる節税をしていることが多いので、「損益資金」の内部留保がそれほどない場合がほとんどです。ずっと赤字が続いている会社だと、「損益資金」がマイナスになっていることもあります。

「サイト資金」は通常、マイナスになります。また、「固定資金」で長期の借入をすることで、マイナスをプラスに引き上げ、さらに「流動資

金」のところの「短期的資金」の借入によって上に引き上げて、「現金預金」の残高を構成しているという感じです。

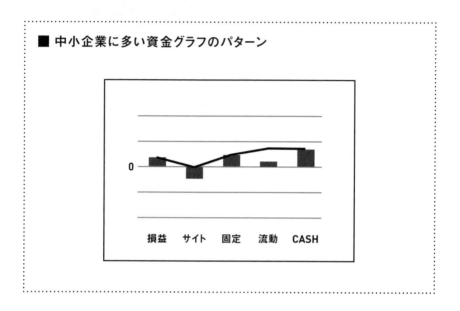

■ 中小企業に多い資金グラフのパターン

0

損益　サイト　固定　流動　CASH

財務格付け表

「未来デザインBS」のコックピットシートの真ん中の列・下段に配置されているのが、すべての資金の運用を、資金の調達の「どこまででまかなえるか」（現金預金の額がプラスに転じるか）で格付けをする「財務格付け表」です。資金の安定度を判断するためのもので、最も安定しているのが「レベル1」となります。

「損益資金」だけでまかなえる場合、最も高い「レベル1」に、「損益資金＋資本金」でまかなえれば「レベル2」に、「損益資金＋資本金＋サイト資金」でまかなえれば「レベル3」になります。

オリエンタルランドの場合、「損益資金＋資本金＋サイト資金＋固定資金」で「現金預金」の額がプラスに転じたので「レベル4」ということになります。

■ 財務格付け表

	財務格付け表				
レベル	現金預金	運用		調達	
LV.1	-229,739	全運用	522,226	損益資金	292,487
LV.2	-54,678	全運用	522,226	＋資本金	467,548
LV.3	-35,000	全運用	522,226	＋サイト資金	487,226
LV.4	23,345	全運用	522,226	＋固定資金	545,571
LV.5	91,211	全運用	522,226	＋短期資金	613,437

オリエンタルランドであってもこの状態です。「内部留保」がかなりあると言っても、「サイト資金」まででではすべての運用をまかなうところまではいっていません。長期の借入金を足したところでやっとまかなうことができるレベルです。

「財務格付け表」は非常にシンプルではありますが、簡単に財務の格付けができるのでぜひ活用してください。

資金総括表

「未来デザインＢＳ」のコックピートシートの右列・下段に配置しているのが、正味の現金がどれくらい増えているかを見るための「資金総括

■ **資金総括表**

(単位:百万円)

資金総括表			
科目	前期	当期	増減額
現金預金	86,373	91,211	4,838
長期借入金	71,879	56,411	-15,468
短期借入金	49,997	0	-49,997
差引額	-35,503	34,800	70,303

企業財務は、現金預金が増え、借入金等が減れば、良い財政状態に向かっているということです。

表」です。

　企業財務というのは、「現金預金」が増えて「借入金」等が減ればよい財政状態に向かっていることになります。

　そこで単純に、「借入金を引いた現金預金（＝正味の現金預金）」が増えたのか減ったのかを見るのがこの表です。

　オリエンタルランドの場合は、正味で700億円増えていることがわかりました。

　シンプルな表ではありますが、これもまたつくりやすく、わかりやすいものなので、ぜひご活用してみてください。

節税すると、「財務体質」はなぜ悪化するのか？

▶ 節税は目的ではなく、あくまで効果
▶ なぜ、節税するとお金が減るのか？

節税は「効果」であることに気づこう

　節税をすると財務体質がどう変化するか、シミュレーションでも検証してみましょう。

　たとえば、オリエンタルランドが2014年3月期に100億円の節税をしようと考えたとします。「実効税率」は40%。100利益が出れば40の

■ 節税すると税務体質はどうなるか

(単位：百万円)

未来デザインBS　2014/3			
資金運用	91,211	資金調達	
他流動資産	43,975	短期借入金	0
	23,891	他流動負債	67,866
	67,320		
10,000　費用発生	292,487	剰余金	292,487
△4,000　税金減少			
6,000　資金減少 21,289		仕入債務	19,678
在庫	11,496	長期借入金	56,411
固定資産	468,366	-246,456	他固定負債	1,934
繰延資産	0		資本金	175,061

【問い】オリエンタルランドが2014年3月期に、10,000Mの節税（経費の支払い）をした場合、現金預金はいくらになるか（実効税率40%と仮定）？

91,211 − 6,000 ＝ 85,211

税金が出ていくと仮定して、100億円の節税をしたときに「現金預金」はいくらになるかを見ていきましょう。

　100億円の費用が発生すると、そこに40%掛かるはずだった税金がいらなくなります。その分だけお金の流出を食い止められるという形になり、減少するお金の正味は60億円ということです。

　現在の「現金預金」が912億円から60億円減るので、「現金預金」の額は「912億円 − 60億円 = 852億円」となります。

　本当に必要な出費（費用）ならいいですが、単純に税金を減らすのが目的であれば、「現金預金」を60億円も減らすのは無意味ということになるのではないでしょうか。

　逆に、本当に必要な100億円の設備投資をしたのであれば、実質60億円の資金減少で効果のある経費（投資）の支払いができたことになります。

　節税は目的にすべきではないことが、これでおわかりいただけるでしょう。**節税は目的ではなく「効果」である**、と考えてください。

「経営力」をチェックするための、選りすぐりの分析比率を紹介

	経営力分析				
収益性	5	5	5	−	15
生産性	5	5	−	−	10
成長性	5	5	5	−	15
CF	5	5	−	−	10
安全性	5	5	5	5	20
健全性	5	5	5	−	15
効率性	5	5	5	−	15
合計	35	35	25	5	100

各5点満点

→ 今回

安全性①

自己資本比率＝純資産÷（負債＋純資産）×100

5点＝60％〜	4点＝40％〜	3点＝30％〜
2点＝20％〜	1点＝20未満	

安全性②

固定長期適合率＝固定資産÷（固定負債＋純資産）×100

5点＝〜40％	4点＝〜50％	3点＝〜60％
2点＝〜80％	1点＝80％以上	

安全性③

流動比率＝流動資産÷流動負債×100

5点＝200％〜	4点＝180％〜	3点＝150％〜
2点＝120％〜	1点＝120％未満	

安全性④

安定資金比率＝安定資金÷月商2カ月分×100

5点＝400％〜	4点＝200％〜	3点＝100％〜
2点＝0％〜	1点＝安定資金がマイナス	

健全性（返済能力）①

ギアリング比率＝借入金÷純資産×100

5点＝借入金0	4点＝〜100％	3点＝〜150％
3点＝〜200％	1点＝200％以上	

健全性（返済能力）②

債務償還年数＝（借入金－現預金）÷（営業利益＋減価償却）

5点＝5年未満	4点＝5年〜	3点＝10年〜
2点＝15年〜	1点＝償却前利益がマイナス	

健全性（返済能力）③

インタレストカバレッジレシオ=（営業利益+受取利息）÷支払利息

5点=5倍〜	4点=4倍〜	3点=3倍〜
2点=2倍〜	1点=2倍未満	

効率性①

総資産利益率（ROA）=経常利益÷総資産×100

5点=5%〜	4点=4%〜	3点=3%〜
2点=2%〜	1点=2%未満	

効率性②

営業運転資本回転期間=（-サイト資金+在庫）÷売上高（月商）

5点=〜マイナス	4点=〜1カ月	3点=〜2.5カ月
2点=〜4カ月	1点=4カ月以上	

効率性③

総資産回転率=売上高÷総資産

5 点 = 2.0 〜	4 点 = 1.5 〜	3 点 = 1.0 〜
2 点 = 0.5 〜	1 点 = 0.5 未満	

エピローグ

最後に、オリエンタルランドの社長との（架空の）経営会議を再現してみました（2020年4月時点）。

宮崎：それでは、今月の経営会議を始めましょう。

社長：はい。よろしくお願いします。

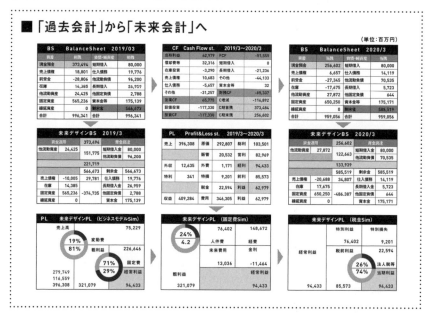

宮崎：最初に「制度会計（過去会計）の決算書」を概観してみましょう。「過去会計から未来会計へ」という「経営コックピットシート」をご覧ください。最初に確認していくのは、「貸借対照表（BS）」になります。

シートの上段、右上にあるのが、2020年3月末時点の「貸借対照表（BS）」です。ここで、まず確認したい数字が、「純資産」の中の「剰

余金」になります。5,855億円あります。これが、1年前と比較してどうなっているのかを確認しましょう。

　左上にあるのが、2019年3月末時点の「貸借対照表（ＢＳ）」です。同じく「純資産」の中の「剰余金」を確認すると、5,667億円あります。比較してみると、188億円増えていることがわかります。当期の業績は黒字であり、内部留保がまた積み上がったことがわかります。

　この原因は、「損益計算書（ＰＬ）」を見ればわかります。シートの中段、中央をご覧ください。「税引後利益」が約629億円計上されています。御社は上場会社のため、ここから約441億円の株主への配当を行っているので、結果として188億円の「剰余金（内部留保）」の積み増しにつながった形です。

　資本金等と剰余金を合算した純資産7,607億円を総資産9,590億円で割った自己資本比率も79.3％となりましたので、本当に盤石の内部留保ではないでしょうか。

　最終盤に新型コロナウイルスの影響で閉園するアクシデントがありましたが、なんとか踏ん張って利益を計上されましたね。

社長：はい、おっしゃる通りです。臨時休園による特別損失92億円というイレギュラーな損失には見舞われましたが、なんとか踏ん張って利益を計上できたと思っています。

宮崎：さすがだと思います。特別利益・特別損失を加減する前の「経常利益」が「会社の儲けの実力」を表していますが、944億円を計上しています。売上高で割ってみると、23.8％の経常利益率ですので、素晴らしいですね。

■ どこに手を打てば利益を出せるか？（PLをもとにした経営コックピットシート）

(単位：百万円)

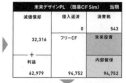

(単位：百万円)

	前事業年度 （自 2018年4月1日 至 2019年3月31日）	当事業年度 （自 2019年4月1日 至 2020年3月31日）
売上高	449,784	396,308
売上原価	319,009	292,807
売上総利益	130,775	103,501
一般管理費	21,117	20,532
営業利益	109,658	82,968
営業外収益		
受取利息及び配当金	9,271	10,976
受取保険料・保険配当金	489	415
雑収入	845	1,243
営業外収益合計	10,605	12,635
営業外費用		
支払利息	185	256
支払手数料	745	573
雑支出	606	341
営業外費用合計	1,537	1,171
経常利益	118,726	94,432
特別利益		
投資有価証券売却益	―	341
特別利益合計	―	341
特別損失		
臨時休園による損出	―	9,201
特別損失合計	―	9,201
税引前当期純利益	118,726	85,572
法人税、住民税及び事業税	33,363	21,750
法人税等調整額	△298	844
法人税等合計	33,064	22,595
当期純利益	85,662	62,977

(単位：百万円)

	前事業年度 （自 2018年4月1日 至 2019年3月31日）	当事業年度 （自 2019年4月1日 至 2020年3月31日）
業務委託費	4,184	4,617
給料・手当	3,205	3,351
福利厚生・法定福利費	2,412	2,455
事業税	2,538	2,101

区分	注記番号	前事業年度 （自 2018年4月1日 至 2019年3月31日） 金額（百万円）	構成比（%）	当事業年度 （自 2019年4月1日 至 2020年3月31日） 金額（百万円）	構成比（%）
1. 商品売上原価					
商品期首たな卸高		8,403		7,542	
当期商品仕入高		64,154		56,712	
小計		72,558		64,255	
商品期末たな卸高		7,542		10,193	
		65,016	20.4	54,061	18.4
2. 飲食売上原価					
材料費					
材料期首たな卸高		890		1,020	
当期材料仕入高		23,291		21,434	
小計		24,182		22,455	
材料期末たな卸高		1,020		1,287	
		23,161		21,168	
人件費					
給料・手当		6,707		6,118	
賞与		612		497	
その他		1,108		1,023	
		8,429		7,639	
経費					
水道光熱費		687		617	
減価償却費		571		717	
その他		1,217		1,381	
		2,475		2,716	
		34,066	10.7	31,524	10.8
3. 人件費					
給料・手当		50,578		47,822	
賞与		8,198		6,627	
その他		8,969		8,507	
		67,745	21.2	62,957	21.5
4. その他の営業費					
営業資材費		13,868		12,578	
施設更新関連費		22,521		24,582	
エンターテインメント・ 　ショー制作費		7,931		6,837	
業務委託費		12,199		13,897	
販促活動費		8,790		6,199	
ロイヤリティー		31,085		27,313	
租税公課		4,964		4,891	
減価償却費		33,393		31,599	
その他		17,424		16,363	
		152,181	47.7	144,263	49.3
合計		319,009	100.0	292,807	100.0

宮崎：「制度会計の損益計算書（ＰＬ）」は「儲けのプロセス」しか表現していませんので、「未来デザインＰＬ」につくり替えて、「儲けの構造」すなわち御社のビジネスモデルを浮き彫りにしていきましょう。
「未来デザインＰＬ」の経営コックピットシートをご覧ください。上段の左上に、「経常利益」までに注目した「未来デザインＰＬ」、通称「トトロの図」があります。

社長：はい。おなじみの「トトロの図」ですね。

宮崎：下段の左に、前期の「トトロの図」がありますので、比較しながら見ていきましょう。
　前期約4,500億円もの売上を計上したことから見ると、当期の3,963億円の売上はまさに苦戦のあとが見てとれますね。約12％の売上ダウンです。
　変動費率の約20％は、ビジネスモデルとして簡単には変化しないので、粗利益の絶対額として、前期3,616億円、当期3,211億円と405億円も減少してしまいました。
　すかさず、固定費の削減に取り組まれたようですね。

社長：はい。「経営の4資源（ヒト＝人件費、モノ＝経費、カネ＝金利、情報＝未来費用）」に投下する費用に、ただちにメスを入れています。
「人件費」は、思いきったリストラや配置転換、ボーナスの大幅カットなど、ニュースにもなるくらいの手を早速打ちました。昨年比53億円の削減となっています。
　経費も、ムダの徹底排除で47億円ほど削減しています。「未来費用」にも手をつけ、販促活動費など36億円を削減しました。

「金利（営業外費用 − 営業外収益）」は、おかげさまで受取利息及び配当金の収入が大きく貢献してくれていて、逆ザヤで114億円ほど固定費をカバーしてくれています。

宮崎：「人件費」にすかさず大胆な手を打たれたことで、前年並みの労働分配率24％、労働生産性4．2倍を維持されているのは、見事な人件費のコントロールですね。

　結果として、ちょうど6年前の売上高4,025億円、粗利益3,188億円、経常利益986億円と同水準であることは感慨深いですね。

社長：前期は経営安全率が33％まで収益性が向上していましたので、コロナ禍で大変ですが、そこを目指してもう一度仕切り直して頑張っていきます。

宮崎：今回、珍しく「特別利益」と「特別損失」を計上しましたが、税引前利益855億円に対して実効税率26％の税金を負担して、税引後利益約630億円を計上できました。続いて、この利益がどこまでお金として内部留保できたかを「キャッシュフロー計算書（ＣＦ）」で見ていきましょう。

宮崎：それでは、「未来デザインＣＦ」の経営コックピットシートをご覧ください。

　相変わらず、「営業ＣＦ」がプラス、「投資ＣＦ」がマイナス、「財務ＣＦ」がマイナスの「健全経営型」になっています。御社レベルだと、当たり前になっているのかもしれませんが。

　具体的に数字を見てみましょう。税引後利益630億円に現金支出のともなわない減価償却費323億円を足し戻した簡易的な「ＣＦ」の953億円が、土台として生まれたキャッシュです。もちろん、これが「現金預金」の増加に直結すれば文句なしですが、現実には1,169億円も「現金預金」は減少しています。

　まさに、「儲けた利益はどこに消えたのか？」ですね。

　大きい順に見ていきます。まず、１つ目は、やはり「設備投資」です。当期ここに1,173億円もの資金を投下しています。社長、これはも

ちろん……。

社長：はい。「美女と野獣」「ベイマックス」などの新しいアトラクションのオープンに向けての設備投資です。コロナの影響で4月のオープンは難しくなってきましたが、秋に向けてオープンさせる予定です。

宮崎：次に大きいキャッシュアウトは、「財務ＣＦ」の「その他」441億円になります。これは、冒頭にもお話しした株主への配当です。

　その次は、長期借入金の元金返済212億円です。これは、厳密には、社債の償還200億円がほとんどを占めていますね。

　あとは前期に大きい利益が計上されているので、税金の支払も意外とキャッシュアウトの要因になっています。

社長：いずれにしろ、当期のキャッシュが大きく減少したのは、「設備投資」によるところが大きいということですね。

　今回は、設備投資にあたって財務的な資金手当てをしなかったこともありますが、覚悟していたとはいえ、かなり現金預金が減少してしまいました。

宮崎：しかし、6年前の現金預金残高が912億円だったことと比べると、かなり潤沢な資金を持っているというのが個人的な印象です。マスコミに「つぶれない企業」として評価されるのもうなずけます。

　では、最後に御社の「今の財務体質」と「財務体質の変化」について見ていきましょう。

■ どこに手を打てばお金を残せるか？（BSをもとにした経営コックピットシート）

（単位：百万円）

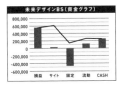
未来デザインBS（資金グラフ）

BS　BalanceSheet 2019/03

資産	前残	負債・純資産	前残
現金預金	373,494	短期借入	80,000
売上債権	18,801	仕入債務	19,776
前受金	-28,806	他流動負債	96,200
在庫	14,385	長期借入	26,959
他流動資産	24,425	他固定負債	2,788
固定資産	565,236	資本金等	175,139
繰延資産	0	剰余金	566,673
合計	996,341	合計	996,341

BS　BalanceSheet 2020/3

資産	当残	負債・純資産	当残
現金預金	256,602	短期借入	80,000
売上債権	6,657	仕入債務	14,119
前受金	-27,345	他流動負債	70,535
在庫	-17,675	長期借入	5,723
他流動資産	27,872	他固定負債	644
固定資産	650,250	資本金等	175,171
繰延資産	0	剰余金	565,519
合計	959,056	合計	959,056

未来デザインBS 2019/3

資金運用		373,494	資金調達	
他流動資産	24,425		短期借入金	80,000
	151,775		他流動負債	96,200
		221,719		
		566,673	剰余金	566,673
売上債権	-10,005	29,781	仕入債務	19,776
在庫	14,385		長期借入	26,959
固定資産	565,236	-374,735	他固定負債	2,788
繰延資産	0		資本金	175,139

未来デザインBS（CF）

資金運用		-116,892	資金調達	
他流動資産	3,447		短期借入金	0
	-29,112		他流動負債	-25,665
		-87,780		
		18,846	剰余金	18,846
売上債権	-10,683	5,026	仕入債務	-5,657
在庫	3,290		長期借入	-21,236
固定資産	85,014	-111,652	他固定負債	-2,144
繰延資産	0		資本金	32

未来デザインBS 2020/3

資金運用		256,602	資金調達	
他流動資産	27,872		短期借入金	80,000
	122,663		他流動負債	70,535
		133,939		
		585,519	剰余金	585,519
売上債権	-20,688	34,807	仕入債務	14,119
在庫	17,675		長期借入	5,723
固定資産	650,250	-486.387	他固定負債	644
繰延資産	0		資本金	175,171

用語集

損益資金	会社を設立して以来の儲けの累計金額です。「稼ぐ」ことこそ最強の資金調達となります。
サイト資金	得意先への信用供与や買掛金と仕入先からの信用供与を受けた結果の差額です。売上以上に仕入の割れ具合です。
固定資金	「長く使えるお金」と「固定されてるお金」とのバランスです。過去に使った長期投資と長期資金とを見比べることができます。
流動資金	「すぐに支払うべきお金」と「すぐにもらえるお金」とのバランスです。「お金のつじつま合わせ」と言う意味です。
安定資金	「資金の安定度」を示す指標であり、プラスであることが重要です。
財務格付け	どこの資金運用が、他固定資産運用からスタートして、どこの資金調達を加えたときに、現金預金がプラスになるかで判定。

財務格付け表

レベル	現金預金	運用		調達	
LV.1	-89,590	全運用	675,109	損益資金	585,519
LV.2	85,581	全運用	675,109	＋資本金	760,690
LV.3	99,700	全運用	675,109	＋サイト資金	774,809
LV.4	106,067	全運用	675,109	＋固定資金	781,176
LV.5	256,602	全運用	675,109	＋短期借入金	931,711

資金統括表

科目	前期	当期	増減額
現金及び預金	373,494	256,602	-116,892
長期借入金	26,959	5,723	-21,236
短期借入金	80,000	80,000	0
差引額	266,535	170,879	-95,656

企業財務は、現金預金が増え、借入効率が減れば、より「財政状況健全」に向かっているといえます。

（単位：百万円）

資産の部	前事業年度（2019年3月31日）	当事業年度（2020年3月31日）
流動資産		
現金及び預金	373,494	256,602
売掛金	18,801	6,657
有価証券	20,999	19,999
商品	7,542	10,193
仕掛品	68	61
原材料	1,020	1,287
貯蔵品	5,755	6,134
前払費用	676	1,047
その他	2,747	6,821
流動資産合計	431,105	308,806
固定資産		
有形固定資産		
建物	188,007	206,109
構築物	52,747	55,701
機械及び装置	23,829	29,356
船舶	1,524	1,214
車両運搬具	1,199	985
工具、器具及び備品	13,281	13,370
土地	108,817	108,817
建設仮勘定	80,150	147,994
有形固定資産合計	469,557	563,549
無形固定資産		
ソフトウエア	12,666	15,008
その他	166	157
無形固定資産合計	12,833	15,165
投資その他の資産		
投資有価証券	32,271	24,744
関連会社株式	32,923	27,658
関連会社長期貸付金	6,933	6,933
長期前払費用	1,519	1,280
前払年金費用	3,375	4,695
その他	4,907	6,307
貸倒引当金	△84	△84
投資その他の資産合計	82,846	71,535
固定資産合計	565,236	650,250
資産合計	996,342	959,056

負債の部	前事業年度（2019年3月31日）	当事業年度（2020年3月31日）
流動負債		
買掛金	19,776	14,119
1年内償還予定の社債	20,000	
1年内返済予定の長期借入金	6,001	4,459
未払金	24,641	26,370
未払費用	13,563	9,160
未払法人税等	18,711	7,280
未払消費税等	5,669	543
前受金	28,806	27,345
預り金	33,472	27,097
その他	140	81
流動性負債合計	170,783	116,458
固定負債		
社債	80,000	80,000
長期借入金	958	1,264
退職給付引当金	―	30
その他	2,787	614
固定負債合計	83,746	81,908
負債合計	254,529	198,367
純資産の部		
株主資本		
資本金	63,201	63,201
資本剰余金		
資本準備金	111,403	111,403
その他資本剰余金	535	567
資本剰余金合計	111,938	111,970
利益剰余金		
利益準備金	1,142	1,142
その他利益剰余金		
別途積立金	155,200	155,200
繰越利益剰余金	480,303	528,794
利益剰余金合計	636,645	685,138
自己株式	△89,183	△109,325
株主資本合計	722,601	750,985
評価・換算差額等		
その他有価証券評価差額金	19,211	9,629
繰越ヘッジ損益	―	74
評価・換算差額等合計	19,211	9,703
純資産合計	741,812	760,680
負債純資産合計	996,342	959,056

宮崎：それでは、「未来デザインＢＳ」の経営コックピットシートを見て、どこに手を打てばお金を残せるのかを考えていきましょう。

社長：私は、「未来デザイン決算書」の中で、これが一番楽しみです。会社が自由に使えるお金がどうなったのか、早く知りたいですね。

宮崎：では、上段の右上、2020年3月の「貸借対照表（ＢＳ）」をご覧ください。「現金預金」の残高のが2,566億円あります。これを4つの資金グループに色分けして、財務体質を明らかにしていきます。
　その下の「未来デザインＢＳ」をご覧ください。現金預金2,566億円の下、まず、はじめの資金グループが「流動資金」です。これは「短期的な資金調達と資金運用のバランス」です。御社の場合、1,226億円が流動資金ですが、これは短期的な資金調達1,505億円と短期的な資金運用278億円の差額です。すぐに会社の外に出ていこうとしているお金のほうが1,226億円多いということですね。なので、これは現金預金から差し引いて考えましょう。
　すると、会社が自由に使えるお金、つまり「安定資金」が1,339億円ということになります。

社長：6年前の「安定資金」が673億円でしたので、約2倍ぐらいにはなっていますね。

宮崎：はい。この「安定資金」をさらに3つに分解していきます。まず、損益資金5,855億円です。これは、御社が創業以来、獲得してきた内部留保の蓄積です。本当に潤沢な内部留保を蓄積されてきたと感心します。

社長：先人の努力の賜物ですね。

宮崎：次に、「サイト資金」が348億円あります。これは、仕入先からは信用を借りて商売をし、得意先には逆に信用を貸して、掛け商売することで生まれるサイトの勝ち負けになります。この「サイト資金」はマイナスになるのが通常ですが、御社の場合はここが大きくプラスになっています。

社長：年間パスポートの販売による前受金によるものですね。

宮崎：そうです。「サイト資金」がプラスになることも、御社の財務体質の特徴的なところです。
　最後は、「固定資金」が4,864億円のマイナスになります。さすがに、ここまで巨大なテーマパークとなると、6,503億円もの設備投資を長期の資金調達でまかなえないという財務体質になりますね。
「固定資金」の1つのセオリーは、「長期の資金調達と、長期の資金運用（在庫投資と設備投資）がバランスすること」ですが、御社のように、潤沢な損益資金がある場合には、損益資金と固定資金がうまくバランスするという特徴があります。

社長：「財務体質」の変化にも興味があります。

宮崎：はい。1年前の「未来デザインＢＳ」と比較することで、「財務体質の変化」を見ていきましょう。
　2019年3月末時点の「現金預金」は3,735億円もありました。「流動資金」が1,517億円あり、それを差し引いた「安定資金」は2,217億円

ありました。

　1年間で「安定資金」、つまり「会社が自由に使えるお金」が878億円も減少したことになります。

　この要因は、当期の大きな設備投資に、長期的な資金調達をしなかったことにあります。「固定資金」が1年間で1,116億円も減少しています。

　さすがに、「損益資金」の増加188億円、「サイト資金」の増加50億円ではまかないきれなかったようです。

社長：リアルな現金預金からある程度想定はしていましたが、「安定資金」がそんなに減少していたのですね。

　今後さらなるパークの拡張工事も予定していることなので、社債の発行や銀行からの融資を検討していきたいと思います。

　コロナの影響で「損益資金」の確保も危ぶまれるところですし、早急に手を打ちたいと思います。

　今後、「トイストーリー」シリーズをテーマとするホテルや、「アナと雪の女王」を含めた3つのエリアやホテルのオープンも計画しています。

　アフターコロナの中長期的な戦略として、集客力の高まる施策をさらに打ち続け、「損益資金」の拡大のため、さらなる収益力のアップを図りたいと考えています。

　引き続き、ご指導をよろしくお願いします。

　※この会話は、オリエンタルランドの決算書から想像したフィクションです。

おわりに

社長には、教科書がありません。「社長学」という、学校の授業もありません。

「社長業」とは、いったい何をすればよいのでしょうか?

夢を描いて一念発起して起業した方。

先代の事業を継承して社長になった方。

職業柄、いろいろな社長とお会いしてきました。

しかし、「社長が何をなすべきか?」を本当に理解している社長にお会いすることは非常にまれです。

社長にしかできない一番大事な仕事は、「なりたい会社になるための、経営上の打つべき手を考え、決断すること」だと私は思っています。

事業経営は、いかに「儲かるビジネスモデル」を構築できるかで、ほとんど勝負が決まってしまうのです。

会計の専門家として感じるのは、「もっと決算書を活用すればいいのに」ということです。

決算書がないがしろにされているのは、とてももったいないことです。

決算書は、たしかに「過去」に関する情報です。でも、社長が「未来」をデザインするためのヒントもたくさん詰まっています。

本書は、「未来デザイン決算書」を通して、「経営の武器」を手に入れてもらうためのマニュアルです。

　きっと、社長が今「打つべき手」が見えてくるはずです。

　スポーツや将棋・囲碁などの勝負の世界、茶道や華道と言った「道」の世界と同様に、じつは経営にも「定石」や「鉄則」があります。

　経営の「守破離」と言えるもので、それが本書でこれまでお伝えしてきたことです。

　本書で「経営のキホン」を学んでいただきました。本質は、シンプルで美しいものです。決して、難しいものではありません。

「キホン」を学んだら、次は、社長の個性を輝かせて、それぞれの経営を極めてください。

（未来会計サービスのご紹介）

・未来デザイン決算書クラウド
　https://cloud.future-ama.com

・未来会計マスター講座
　http://www.future-ama.com

宮崎栄一（みやざき えいいち）
公認会計士宮崎会計事務所所長。税理士法人創明コンサルティング・ブレイン代表社員会長。株式会社創明コンサルティング・ブレイン代表取締役。一般社団法人未来会計マスター協会代表理事。1968年岡山市生まれ。中央大学3年次に、当時最年少で公認会計士2次試験に合格。監査法人トーマツで10年間、上場企業監査、株式上場支援の経験を積む。1998年宮崎会計事務所を開業。社会福祉法人会計基準に精通し「社福経営サポートクラブ」を主宰するほか、合同会社Trust&Wealth Consulting代表社員として「顧客資産の最適化と最大化」にも取り組む。著書に『未来決算書で会社は儲かる！』（こう書房 ※現在はオンデマンド版のみ）がある。

決算書から「経営の打ち手」がわかる本

2021年4月1日　初版発行

著　者　宮崎栄一　©E.Miyazaki 2021
発行者　杉本淳一

発行所　株式会社 日本実業出版社　東京都新宿区市谷本村町3-29 〒162-0845
　　　　　　　　　　　　　　　　　大阪市北区西天満6-8-1 〒530-0047
　　　　編集部 ☎03-3268-5651
　　　　営業部 ☎03-3268-5161　振　替　00170-1-25349
　　　　　　　　　　　　　　　　https://www.njg.co.jp/

印　刷／堀内印刷　製　本／若林製本

ISBN 978-4-534-05843-0　Printed in JAPAN